5-7, rue de l'École polytechnique, 75005 Paris

www.harmattan.fr

ISBN : 978-2-343-23896-8
EAN : 9782343238968

La lutte anticorruption et l'avenir des institutions politiques françaises

Questions contemporaines
Collection dirigée par Jean-Paul Chagnollaud, Bruno Péquignot et Xavier Richet

Chômage, exclusion, globalisation… Jamais les « questions contemporaines » n'ont été aussi nombreuses et aussi complexes à appréhender. Le pari de la collection « Questions contemporaines » est d'offrir un espace de réflexion et de débat à tous ceux, chercheurs, militants ou praticiens, qui osent penser autrement, exprimer des idées neuves et ouvrir de nouvelles pistes à la réflexion collective.

Dernières parutions

Laurent MARTIN (dir.), *La diversité ethnoculturelle dans les arts, les médias et le patrimoine. Enquête en France et en Europe*, 2021.
Hocine KERZAZI, *Islamo-diversion. Un quinquennat de casse sociale*, 2021.
Azalaïs KEHM, *L'égalité met-elle en péril le droit à la différence ? Les politiques multiculturelles suédoises*, 2021.
Michel BOURSE, Halime YÜCEL, *La communication politique : les enjeux aujourd'hui*, 2021.
Alexandre LABELLE, *Le travail d'éducation au sein des lieux de vie de la protection de l'enfance et de la jeunesse. Comparaison en France et Québec*, 2021.
Philippe WILLEMART (dir.), *La critique génétique à la recherche d'autres savoirs. De l'état quantique à l'écriture par la rature,* 2021.
Méline Renée MASSAMBA *Le génocide selon Nuremberg, l'ex-Yougoslavie et le Rwanda*, 2021.
Jacques BEAUCHARD, *Le bien commun, enjeu politique du développement durable*, 2021.
Simon KAISER, *Fédéralisme territorial et fédéralisme personnel. Réflexion sur les statuts personnels dans les États multicommunautaires*, 2021.
Salvatore PALIDDA, *20 ans après les brutalités policières du G8 de Gênes*, 2021.

Antoine LEDUC

La lutte anticorruption et l'avenir des institutions politiques françaises

L'Harmattan

REMERCIEMENTS

Je tiens à remercier en priorité mon directeur de mémoire Alexandre MET-DOMESTICI pour son soutien tout au long de la réalisation de ce travail. Les nombreux conseils et corrections qu'il m'a fournis m'ont été d'un grand secours et d'une qualité toute particulière. Je lui suis profondément reconnaissant pour son investissement remarquable sans lequel il m'aurait été difficile de mener à bien ce projet.

Je tiens également à remercier Adrien ROUX pour sa disponibilité et ses réponses lors de l'entretien réalisé qui m'a apporté des ressources supplémentaires essentielles à la réalisation de ce mémoire

Je souhaite ensuite remercier l'ensemble des membres de ma famille, en particulier ma mère et mon père qui ont su m'accompagner et me guider tout au long de la réalisation de ce projet.

Je voudrais, en dernier lieu, remercier l'ensemble de mes amis et camarades, en particulier M.C., qui m'ont épaulé tout au long de la réalisation ce travail.

SOMMAIRE

REMERCIEMENTS 7

TABLE DES SIGLES ET ABRÉVIATIONS CLÉS 11

AVANT-PROPOS 13

INTRODUCTION 15

PARTIE I
La perversion des institutions et de la démocratie française par la corruption...27

CHAPITRE 1
La corruption sous le prisme des atteintes à la probité – Éléments de définition 29

CHAPITRE 2
La délinquance des élites politiques assortie à leur jugement.......57

CHAPITRE 3
L'ambigüité des perceptions sociales de la corruption en France...81

PARTIE II
Vers une République transparente ?
Les moyens de lutte contre la corruption en France accompagnés de leur efficacité relative..................................105

CHAPITRE 1
Les agissements du législateur depuis les années 1990 107

CHAPITRE 2
L'action de la société civile dans la lutte anticorruption.............135

CHAPITRE 3
Un avenir de transparence combinée à la confiance ?
La question de la préservation des institutions françaises...........161

CONCLUSION..185

BIBLIOGRAPHIE 193

ANNEXES 205

TABLE DES MATIÈRES..215

TABLE DES SIGLES ET ABRÉVIATIONS CLÉS

Code de procédure pénal	C. pr. pén.
Code électoral	C. éclect.
Code général des collectivités territoriales	CGCT
Code pénal	C. pén.
Code du travail	C. trav.
Conseil constitutionnel	Cons. Const.
Conseil d'État	CE
Cour administrative d'appel	CAA
Cour de cassation	Cass.
Cour de cassation, chambre criminelle	Cass. Crim.
Cour de cassation, chambre réunie	Cass. Ch. réun.
Cour de cassation, assemblée plénière	Cass. Ass. plén.
Cour de justice de l'Union européenne	CJUE
Cour de justice de la Communauté européenne	CJCE
Cour pénale internationale	CPI
Tribunal administratif	TA
Tribunal correctionnel	T. Corr.
Tribunal de commerce	T. Comm.
Tribunal de grande instance	TGI
Tribunal des conflits	T. Confl.

AVANT-PROPOS

Résumé

Ce mémoire de fin d'études cherche à analyser et éclaircir la place qu'occupe le phénomène de corruption des élites politiques dans les institutions républicaines françaises ainsi que l'évolution de la lutte contre ce phénomène depuis la fin du XXème siècle. Dans un contexte où la corruption fait plus que jamais partie des jugements négatifs des citoyens à l'égard de leurs représentants, ce qui alimente leur rejet et, *in fine*, la crise démocratique que connaît la France aujourd'hui, il convient d'interroger les moyens de lutte anti-corruption existant dans la dimension politique et institutionnelle. Centrée essentiellement sur les disciplines des sciences sociales politiques et juridiques, la lutte contre la corruption sera étudiée et analysée, dans ce mémoire, sous une optique futuriste de préservation des institutions politiques et républicaines avec l'hypothèse d'une meilleure confiance dans les élites et représentants politiques. Ce mémoire cherche à déterminer quel serait le meilleur format de lutte contre la corruption à mettre en œuvre pour assurer un avenir prometteur aux institutions politiques et républicaines françaises, avenir fondé sur la probité et la transparence politique.

Mots clés

Corruption, élites, politique, représentants, institutions, probité publique, démocratie, crise, citoyens, lutte, avenir, préservation, confiance, transparence.

INTRODUCTION

« C'est une expérience éternelle que tout homme qui a du pouvoir est porté à en abuser : il va jusqu'à ce qu'il trouve des limites [...] Pour qu'on ne puisse abuser du pouvoir, il faut que, par la disposition des choses, le pouvoir arrête le pouvoir »[1].

Le phénomène de corruption des élites et des représentants politiques est un sujet qui revient régulièrement en France notamment à l'approche des élections, municipales, législatives ou européennes. Lorsqu'ils sont interrogés par les journalistes de chaînes télévisées comme des chaînes d'informations continues ou les instituts de sondages à l'instar d'Ifop ou d'Odoxa, les citoyens ne se privent pas pour confier leurs jugements et leurs craintes vis-à-vis des personnalités politiques concourant pour une élection ou pour les élus au sein des institutions républicaines. La corruption est la problématique qui ressort le plus pour les Français par rapport aux élus et aux responsables politiques.

D'après une enquête réalisée par Harris Interactive les 12 et 13 mars 2019 pour le compte de l'association Transparency International France[2], 9 Français sur 10 estiment que les personnes exerçant de hautes responsabilités ou ayant du pouvoir sont aujourd'hui corrompues. Bien que ce sentiment apparaisse en nette baisse d'après la même enquête qui se base sur une

---

[1] MONTESQUIEU, *De l'esprit des lois*, livre IX, chapitre IV, Genève, Barillot & Fils, 1748, p. 190.

[2] Harris-interactive.fr, « Les perceptions de la corruption en France », enquête Harris Interactive pour Transparency International France, 21/05/2019, accessible sur : https://harris-interactive.fr/opinion_polls/les-perceptions-de-la-corruption-en-france/

étude précédente menée à la même période en 2017 où les rebondissements de l'affaire impliquant le candidat à l'élection présidentielle François Fillon faisaient l'actualité, il est toujours présent dans les citoyens de l'Hexagone qui montrent de plus en plus de méfiance vis-à-vis des politiques et des institutions. Toutefois, il convient de souligner que les Français ne regardent pas les catégories de personnes exerçant des responsabilités avec le même jugement ni la même sévérité. Selon la même enquête, 74% des Français estiment les députés ou sénateurs corrompus, 69% pour les personnalités de l'exécutif (Président, Ministres) et 73% pour les députés européens. Le milieu politique français apparaît grandement corrompu pour la grande partie des citoyens français qui remettent d'ailleurs en cause les moyens de lutter contre la corruption des élus sous toutes ses formes. D'après un sondage Ifop pour le projet Arcadie réalisé en janvier 2019, 77% jugent que la France ne se donne pas réellement les moyens de lutter contre la corruption sous toutes ses formes des élus[3]. Selon le même sondage, 67% estiment que l'élection d'Emmanuel Macron n'a absolument rien changé dans le domaine de lutte contre la corruption et 50% estiment n'avoir aucune confiance dans les partis politiques dans cette lutte.

La corruption des élites politiques et la question de sa lutte est de plus en plus mise sur le devant de la scène en France notamment dans les temps actuels où des responsables politiques se font incriminer pour des affaires relevant de près ou de loin à la corruption.

La démission de Jean-Paul Delevoye, lundi 16 décembre 2019, après une ouverture d'enquête par le parquet de Paris pour des déclaration d'intérêts incomplètes à la Haute Autorité de la Transparence de la Vie Publique (HATVP) est parfaitement illustrative de ce problème de corruption dans le milieu politique. Responsable au côté de la Ministre des Solidarités et de la Santé, Agnès Buzyn, de la polémique réforme des retraites agitant la France de toutes parts avec les nombreuses grèves des

[3] Ifop.com, « Les Français et la corruption des élus », 16/ 01/ 2019, accessible sur : https://www.ifop.com/publication/les-francais-et-la-corruption-des-elus-2/

transports et des fonctionnaires, Jean-Paul Delevoye est accusé d'« omissions » en « nombre » dans la déclaration d'intérêts qu'il aurait remis à la HATVP précédemment. Il aurait oublié de déclarer 13 mandats dont celui d'administrateur au sein d'un institut de formation d'assurance. L'association de lutte anti-corruption Anticor, fondée en juin 2002, a saisi la Haute Autorité, le 10 décembre 2019 à ce sujet en se fondant précisément sur la loi du 11 octobre 2013 relative à la transparence de la vie publique.

Cette loi, attestant de l'obligation de déclaration de patrimoine à la HATVP pour les membres du Gouvernement, dispose, au sein de son article 26, que « le fait, pour une personne mentionnée aux articles 4 ou 11 de la présente loi, de ne pas déposer l'une des déclarations prévues à ces mêmes articles, d'omettre de déclarer une partie substantielle de son patrimoine ou de ses intérêts ou de fournir une évaluation mensongère de son patrimoine est puni d'une peine de trois ans d'emprisonnement et de 45 000 euros d'amende. Peuvent être prononcées, à titre complémentaire, l'interdiction des droits civiques, selon les modalités prévues aux articles 131-26 et 131-26-1 du code pénal, ainsi que l'interdiction d'exercer une fonction publique, selon les modalités prévues à l'article 131-27 du même code »[4].

Cette même loi prévoit, dans son article 20, partie II, que « lorsqu'il est constaté qu'une personne mentionnée aux articles 4 et 11 ne respecte pas ses obligations prévues aux articles 1er, 2, 4, 11 et 23, la Haute Autorité pour la transparence de la vie publique peut se saisir d'office ou être saisie par le Premier ministre, le Président de l'Assemblée nationale ou le Président du Sénat. Elle peut également être saisie, dans les mêmes conditions, par les associations se proposant, par leurs statuts, de lutter contre la corruption, qu'elle a préalablement agréées en application de critères objectifs définis par son règlement général.[5] »

[4] Loi n°2013-907 du 11 octobre 2013 relative à la transparence de la vie publique, article 26, alinéa 1, accessible sur Legifrance.Gouv.fr :
https://www.legifrance.gouv.fr/affichTexte.do?cidTexte=JORFTEXT000028056315
[5] *Ibidem.*

C'est dans l'application de cette disposition qu'Anticor a saisi la HATVP laquelle en a fait de même auprès du parquet de Paris qui a donné suite en ouvrant, le jeudi 19 décembre 2019, une enquête préliminaire sur Jean-Paul Delevoye dans le cadre de ses manques de déclarations à la HATVP. Ce scandale concernant l'homme chargé de piloter une réforme aussi importante que sur les retraites, touchant directement à l'avenir des citoyens, peut être considéré comme le symbole d'une profonde dégradation des institutions de la République en termes de corruption de ses membres. Comme le déclarait l'avocat Régis de Castelneau au quotidien Marianne, à propos de cette affaire, le 18 décembre 2019 : « Nous avons désormais atteint tel un niveau de corruption, au sens de corrosion, des pouvoirs publics que notre charpente institutionnelle est complètement délabrée. [6] » Le fait que M. Delevoye ait continué à conserver des responsabilités dans la sphère privée après avoir été nommé par décret du Président de la République, haut-commissaire aux retraites, le 3 septembre 2019, induit une dangereuse confusion entre domaine public et domaine privé et va même à l'encontre de l'article 23 de la Constitution interdisant aux membres du Gouvernement d'exercer toute autre fonction professionnelle, rémunérée ou non. Cette séparation entre domaine public et domaine privé voulue par les constituants de 1958 visait à consacrer pleinement l'engagement gouvernemental des membres du Gouvernement devant se dédier à l'intérêt général avant tout autre chose et éviter, comme le rappelle De Castelneau, de répéter le fonctionnement des IIIe et IVe République où de nombreux membres gouvernementaux étaient partagés entre l'intérêt général de la nation et les intérêts de leurs fonctions privées.

L'affaire impliquant M. Delevoye n'est malheureusement pas un cas isolé d'élites ou de responsables politiques mis en cause pour des actes et faits impliquant la corruption.

Les récentes affaires à scandale impliquant l'eurodéputée Sylvie Goulard, l'ancien garde du corps du Président de la Ré-

---

[6] DE CASTELNEAU Régis, « L'affaire Delevoye, Macron et la désinvolture d'un président qui refuse de protéger la Constitution », Marianne, 18/12/2019, accessible sur Marianne.net : https://www.marianne.net/debattons/billets/l-affaire-delevoye-macron-et-la-desinvolture-d-un-president-qui-refuse-de-proteger

publique, Alexandre Benalla, le maire de Levallois-Perret, Patrick Balkany, ou encore le parti politique de l'Union pour un mouvement populaire (UMP) et l'agence de communication Bygmalion mettent en avant le problème des élites et haut-responsables politiques incriminés pour des exactions reliées de près ou de loin à la corruption. Ces affaires interrogent de plus en plus les institutions républicaines quant à leur avenir du fait de leur image fortement écornée par ces acteurs politiques de premier ordre mis en cause dans des affaires impliquant le champ de la corruption.

I. Première définition des termes

Ce terme lourd de connotations et de définitions est le substantif du verbe « corrompre » venant du latin *corrumpere* signifiant « briser » ou « rompre un ensemble ».

Verbe désignant le fait d'altérer ce qui est considéré comme juste, sain et correct selon le dictionnaire Larousse[7], l'action de corrompre désigne également le fait de séduire quelqu'un par des présents ou des promesses, l'amener à agir contre sa conscience ou les devoirs de sa charge. Action individuelle ou collective réprimée de manière pénale, la corruption fait généralement partie des incriminations retenues par les juges dans les procès impliquant des élus et responsables politiques en France. Le Code pénal distingue la « corruption passive » de la « corruption active ». Le premier type de corruption relève de l'article 432-11 Code pénal pour la corruption passive et de l'article 433-1 pour la corruption active.

D'après la section française de l'organisation non gouvernementale de lutte anticorruption, *Transparency International*, la corruption, entendue dans son sens strict, désigne « le fait pour une personne investie d'une fonction déterminée (publique ou privée) de solliciter ou d'accepter un don ou un avantage quelconque en vue d'accomplir, ou de s'abstenir d'accomplir, un acte entrant dans le cadre de ses fonctions. On distingue la corruption active (fait de proposer le don ou l'avantage quel-

[7] Dictionnaire Larousse, définitions du terme « corruption », accessible sur Larousse.fr : https://www.larousse.fr/dictionnaires/francais/corruption/19471

conque à la personne investie de la fonction déterminée) de la corruption passive (fait, pour la personne investie de la fonction déterminée, d'accepter le don ou l'avantage). Ces délits sont punis de 10 ans de prison et d'un million d'euros d'amende, dont le montant peut être porté au double du produit de l'infraction »[8]. Comme le reconnaissent les personnes qui ont travaillé sur la corruption à l'instar d'Yves Mény, définir la corruption n'est pas une chose aisée en raison des différentes variations culturelles dans la hiérarchie des valeurs d'une société ainsi que dans le discernement entre le domaine public et le domaine privé. Cette définition est également rendue difficile par les attitudes des élites politiques ainsi que de l'opinion publique pouvant être plus ou moins laxiste selon les cas de corruption soulevés. Elle doit principalement s'envisager sous la forme d'un échange malsain et clandestin altérant la démocratie et ses fondements. Comme l'affirme Yves Mény : « La corruption peut être définie comme un échange clandestin entre « deux marchés », le « marché politique et/ou administratif » et le marché économique et social. Cet échange est occulte car il viole des normes publiques, juridiques et éthiques et sacrifie l'intérêt général à des intérêts privés (personnels, corporatistes, partisans, etc.) »[9]. Elle semble ainsi constituer une véritable pathologie des systèmes politiques démocratiques fondés sur l'intérêt général public. Les institutions politiques et républicaines françaises étant en grande partie fondées sur cet intérêt général, elles peuvent ainsi être sérieusement affectées par le phénomène de corruption susceptible de les altérer.

La Constitution de la Vème République, du 4 octobre 1958, a mis fin au régime d'assemblée de la IVème République et a permis de profondément renouveler les institutions républicaines présentes auparavant dans l'histoire constitutionnelle française. Le Gouvernement constitue l'institution politique française principale après le Président de la République, et qui sont les deux institutions incarnant le pouvoir exécutif. Parmi

---

[8] Transparency International France, « Dictionnaire de la corruption », accessible sur Transparency-France.org : https://transparency-france.org/actu/definition-corruption/#.Xo4mNy3pPdc

[9] MÉNY Yves, « Corruption, politique et démocratie », *Confluence Méditerranée*, n°15, 1995, p.12.

les institutions politiques françaises, figure également le Parlement bicaméral, incarnant le pouvoir législatif, qui est constitué de deux assemblées fixes : l'Assemblée nationale, composée de 577 députés, et le Sénat, comptant 348 sénateurs, qui sont chargés d'examiner et de voter les lois. Les deux assemblées contrôlent le Gouvernement et évaluent également les politiques publiques. L'Assemblée nationale joue un rôle fondamental dans la procédure législative étant donné qu'elle tranche en cas de désaccord avec le Sénat et peut renverser le Gouvernement comme le précise l'article 49 de la Constitution[10]. C'est principalement au sein des institutions parlementaires que la corruption va s'exercer avec des pratiques toujours plus nombreuses parmi les représentants parlementaires abusant d'infractions relevant des atteintes à la probité publique telles que le délit de favoritisme, la prise illégale d'intérêt ou encore le trafic d'influence et la concussion. En plus de ces institutions centrales consacrées par la Constitution, les institutions politiques françaises regroupent également celles qui sont locales avec les collectivités territoriales au sein desquelles font parties les communes qui sont excessivement en proie au phénomène de corruption avec les élus locaux (maires et conseillers municipaux notamment).

II. Approche historique

L'intérêt général et la représentation de la nation apparaissent lourdement mis à mal par le phénomène de corruption qui est loin d'être nouveau dans les différents régimes politiques existants. Comme le met en évidence Paul Lombard dans son ouvrage, *Le Vice et la Vertu - Les corruptibles de Mazarin à nos jours*[11], la corruption était déjà présente au temps de l'antique République romaine où les candidats proconsuls s'adonnaient au pillage des villes et provinces sous leur admi-

---

[10] Constitution du 4 octobre 1958, article 49, accessible sur Legifrance.Gouv.fr : https://www.legifrance.gouv.fr/affichTexteArticle.do?idArticle=LEGIARTI000019241062&cidTexte=LEGITEXT000006071194&dateTexte=20090301

[11] LOMBARD Paul, *Le Vice et la Vertu – Les corruptibles de Mazarin à nos jours*, éd Grasset, 1999, 348 p.

nistration pour rembourser leurs dettes de campagne. Au cœur du célèbre réquisitoire de Cicéron contre le magistrat romain Verrès accusé en outre d'abus de pouvoir, de détournement de fonds et de vol d'œuvres d'art, vers 70 av. JC, la corruption n'a eu de cesse de faire partie prenante de l'histoire de Rome où s'est également mêlé le clientélisme. Toujours dans le même ouvrage, Paul Lombard fait également part de la corruption à l'œuvre dans l'Ancien Régime avec des exemples aussi marquants que ceux de Mazarin ou Jacques Cœur confondant les affaires privées avec l'intérêt général public.

Lors de la Révolution française de 1789, les représentants de l'Assemblée constituante ont « résolu d'exposer, dans une déclaration solennelle, les droits naturels, inaliénables et sacrés de l'homme[12] ». Cette déclaration des droits de l'homme et du citoyen s'est présentée comme un moyen de lutter contre ce phénomène de corruption touchant le régime et ses membres et rappelle, à juste titre dans son préambule, que « l'ignorance, l'oubli ou le mépris des droits de l'homme sont les seules causes des malheurs publics et de la corruption des gouvernements[13] ».La figure emblématique de l'« Incorruptible » Robespierre durant le régime de la Terreur s'inscrit dans la continuité de cette volonté de lutte contre la corruption et de recherche de la vertu dans le régime même si le despotisme de Robespierre se confondait avec cette recherche. « Comme il faut de la vertu dans une république, et dans la monarchie de l'honneur, il faut de la crainte dans un gouvernement despotique ; la vertu n'y est point nécessaire et l'honneur y serait dangereux » selon les termes employés par Montesquieu[14].

Malgré cette volonté de lutte contre la corruption qui a émergé avec la Révolution française et la rédaction de la Déclaration des droits de l'Homme et du Citoyen, le phénomène ne s'est pas estompé pour autant en France où a été observée une

---

[12] Déclaration des droits de l'Homme et du Citoyen, préambule, 1789, accessible sur Legifrance.gouv.fr : https://www.legifrance.gouv.fr/Droit-francais/Constitution/Declaration-des-Droits-de-l-Homme-et-du-Citoyen-de-1789

[13] *Ibidem.*

[14] MONTESQUIEU, *De l'esprit des lois*, livre III, chapitre IX, Genève, Barillot & Fils, 1748, p. 31.

certaine continuité entre l'Ancien Régime et la République. La IIIème République, mise en place à partir de 1870 à la suite de la défaite militaire du Second Empire contre la Prusse à Sedan, a été lourdement émaillé d'affaires et de scandales politico-financiers impliquant le spectre de la corruption.

L'affaire dites « des décorations », qui a secoué la France d'octobre 1887 jusqu'au milieu de 1888, est parfaitement emblématique de cette présence indélébile de la corruption au cœur de la République. Le député Daniel Wilson, gendre du Président de la République, Jules Grévy, a été accusé de trafic de décorations acculant le Président à la démission. En résultat de ce scandale, la loi du 4 juillet 1889 est venue créer le délit de trafic d'influence, relié à la corruption, et passible, pour les personnes investies d'un mandat électif, de la dégradation civique et d'une peine d'emprisonnement pour les autres fonctionnaires et agents publics. Ce scandale politico-financier impliquant la corruption sous la IIIème République est suivi de beaucoup d'autres auxquels des réponses pénales sont apportées comme le décrit Frédéric Monier[15]. Le cas du scandale de Panama (1889-1894) où Cornelius Herz, homme d'affaire comptant sur de nombreux appuis dans le monde politique, a bénéficié d'un non-lieu pour escroquerie et abus de confiance illustre parfaitement le poids prééminente de la corruption dans les affaires politiques et institutionnelles et, au-delà de ce phénomène, celui de la faiblesse des sanctions notamment pénales qui doivent être prononcées.

L'affaire Stavisky (1934) se place dans la continuité de ces scandales politico-financiers agitant la sphère des relations politiques et institutionnelle avec une violente campagne antiparlementaire qui débute, à la suite de la mort d'Alexandre Stavisky accusé d'escroquerie, et qui va mettre en péril tout l'ordre de la IIIème République. Dans un contexte où l'extrême droite de l'Action française royaliste et les ligues nationalistes de droite ainsi que les communistes n'ont de cesse de dénoncer

---

[15] MONIER Frédéric, « Réprimer la corruption : conflits politiques et réponses pénales dans la France de la IIIème République », dans Philippe BONFILS, Laurent MUCCHIELLI, Adrien ROUX (dir.), *Comprendre et lutter contre la corruption*, actes du 1er colloque d'Aix-Marseille Université sur la corruption, Aix-en-Provence, Presses universitaires d'Aix-Marseille, 2015, pp. 19-29.

la décadence du modèle de la IIIème République, l'indignation populaire entraîne brutalement la chute du gouvernement radical-socialiste de Camille Chautemps, soupçonné de couvrir Stavisky. Édouard Daladier le remplace à la présidence du Conseil et destitue rapidement le préfet de police Jean Chiappe, suspecté de complaisance et de sympathie avec les diverses ligues de droite. La République et ses institutions vacillent avec ce scandale politico-financier se transformant en crise institutionnelle au cœur de laquelle se trouve, une nouvelle fois, le mal de la corruption.

III. Contextualisation

Au cœur de nombreux régimes politiques et démocraties à l'instar de la France, la corruption est de plus en plus présentée comme un cancer, une maladie dont il faudrait « délivrer l'humanité » si l'on s'en tient aux mots de l'ancien président de la Banque mondiale, James Wolfensohn. Mesurée au travers des nombreux rapports d'analyse de l'Organisation non gouvernementale *Transparency International*, elle prend de l'ampleur et s'étend de manière relativement pernicieuse notamment depuis l'avènement de l'ère de la finance avec les canaux de la mondialisation revalorisés lors des années 1980 avec le courant néolibéral.

Véritable fléau des régimes politiques contemporains, la corruption ou plus précisément la lutte contre cette dernière se présente comme un défi majeur que doivent relever les tenants du pouvoir des démocraties contemporaines comme peuvent le révéler de nombreux sondages réalisés auprès des citoyens notamment en France où la corruption fait partie prenante du monde politique et institutionnel faisant que la confiance citoyenne vers les acteurs de ce monde s'érode dangereusement. Ce manque de confiance participe pleinement à la crise de la démocratie et plus particulièrement de la démocratie représentative traversant le monde occidental, dont fait partie la France, depuis ces dernières décennies. On assiste à un véritable « désenchantement démocratique » pour reprendre l'expression utilisée par Pascal Perrineau dans son ouvrage éponyme où il fait part de la faiblesse des mobilisations électorales en France allant de pair avec le manque de confiance dont disposent les acteurs politiques et institutionnels[16]. Néanmoins, rien n'est encore perdu et le combat pour restaurer cette confiance citoyenne essentielle à la vie démocratique est intimement lié à la lutte contre la corruption qui a commencé à prendre son essor à partir de la fin des années 1980 avec l'adoption de nouvelles règles visant à encadrer le financement de la vie politique et à sanctionner les multiples pratiques de corruption des acteurs politiques et institutionnels. Cet essor de la lutte anticorruption en France a été renforcé par les conventions de l'UE, de l'OCDE et de l'ONU mises en œuvre dans les années 1990 et témoignant d'une réelle prise de conscience de la dangerosité du phénomène de corruption et d'une accélération du mouvement de lutte contre ce dernier. L'apparition d'avis et recommandations sur l'action des gouvernements dans le cadre de cette lutte anticorruption, notamment sous l'impulsion de l'ONG *Transparency International* luttant contre la corruption depuis sa fondation par l'ancien directeur régional de la Banque mondial, Peter Eigen, en 1993, participe pleinement à ce mouvement de lutte contre ce phénomène de corruption devant être entendu comme une pathologie des systèmes politiques et institutionnels.

Diverses questions peuvent se poser par rapport à la lutte anticorruption dans ces systèmes et précisément en France où il est notamment question de la pérennité de ses institutions : Qu'entend-t-on par « lutte contre la corruption » aujourd'hui ? Vise-t-on à introduire plus d'éthique dans les institutions et les acteurs politiques sujets à la délinquance ? En quoi vaincre la corruption des acteurs des institutions politiques française est-elle une nécessité pour l'avenir de ces institutions ?

Par l'intermédiaire de cette série de questions, il convient de se demander plus généralement : De quelle manière le phénomène de corruption affecte-t-il les institutions républicaines françaises et quelles actions et politiques peuvent être mises en place pour les prémunir durablement contre ce phénomène ? Comment la lutte contre la corruption doit être organisée afin de

[16] PERRINEAU Pascal, *Le désenchantement démocratique*, La Tour d'Aigues, Éditions de l'Aube, 2003, 416 p.

mieux protéger les institutions républicaines et leur assurer un avenir de confiance ?

Afin de répondre à cette longue problématique englobant les paramètres sociaux, juridiques et politiques, il conviendra d'étudier tout d'abord, dans une première partie, la dimension de perversion des institutions politiques et du modèle démocratique français par le phénomène de corruption, avant d'analyser, dans une seconde partie, les divers moyens de lutte contre la corruption et leur efficacité en France sous le prisme de la transparence comme éventuelle solution d'avenir à la République.

PARTIE I

La perversion des institutions et de la démocratie française par la corruption

CHAPITRE 1

La corruption sous le prisme des atteintes à la probité – Éléments de définition

Faisant l'objet d'une large définition par le droit pénal français, au travers notamment du Code pénal et du Code de procédure pénale, la corruption peut être appréhendée comme une espèce d'hydre juridique du fait des nombreuses infractions reliées à cette dernière ainsi qu'à la difficulté de son traitement par les magistrats induisant, *in fine*, la difficulté de sa sanction. Pouvant se définir généralement comme l'agissement par lequel une personne investie d'une fonction déterminée, publique ou privée, sollicite ou accepte un don, une offre ou une promesse en vue d'accomplir, retarder ou omettre d'accomplir un acte entrant, d'une façon directe ou indirecte, dans le cadre de ses fonctions, la corruption implique nécessairement la violation, par celui qui s'en rend coupable, de l'ensemble des devoirs relevant de sa charge de fonction. En tant qu'homme politique élu ou acteur public et institutionnel, celui qui se rend coupable de corruption affecte, par ailleurs, la probité publique faisant également l'objet d'une section précise au sein du Livre IV du Code pénal. Entendue au sens large comme une qualité morale de droiture, de bonne foi et d'honnêteté se manifestant par le suivi et respect rigoureux des règles morales et des principes de justice, la probité, dans sa dimension publique, apparaît comme un élément central dans le système démocratique français où les citoyens attendent d'un homme politique qu'il prenne parfaitement en compte toutes les spécificités liées à ses fonctions du fait qu'il soit dépositaire de l'autorité publique ou bien chargé d'une mission de service public. Les atteintes à la probité font, comme la corruption, l'objet d'une large définition dans le droit pénal français sanctionnant ces atteintes.

Au-delà de sa définition proprement juridique, la corruption fait également l'objet d'une importante définition sociologique du fait de sa vivacité et de sa permanence dans les régimes politiques et démocratiques comme celui de la France où elle apparaît même comme inhérente au système politique et institutionnel. De nombreux travaux se centrent sur l'étude de la corruption dans les sociétés démocratiques et son lien constant avec le politique. L'idée est clairement de faire apparaître la corruption comme un mal inhérent mais participant au fonctionnement de ces sociétés.

SECTION 1. UNE DÉFINITION NORMATIVE PAR LE DROIT

Principalement définie par les textes du Code pénal et du Code de procédure pénale, la corruption va faire l'objet, dans le droit pénal français, d'une distinction entre « corruption active » et « corruption passive » jouant ainsi sur les différentes infractions qui s'y racolent. Au-delà de cette division, le droit pénal français va également définir toutes les infractions qui ne sont pas nommés *stricto sensu* comme relevant de la corruption mais qui s'y rattachent implicitement du fait de la connexité existante entre ces infractions et celle de la corruption pouvant ainsi être envisagée comme une hydre juridique et pénale en raison de la multiplicité des infractions qu'elle englobe et qui s'y rattachent.

§ 1. La codification pénale de la corruption

Considérée comme un délit en droit pénal français, la corruption fait partie une section intitulée « Des manquements au devoir de probité » placée au sein d'un chapitre relatif aux « atteintes à l'administration publique commises par des personnes exerçant une fonction publique » le tout au sein du Livre IV du Code pénal. Comme dit précédemment, le droit pénal français distingue deux types de corruption : La corruption passive et la corruption active.

Relevant de l'article 432-11 du Code pénal, la corruption passive désigne une situation où une personne exerçant une fonction publique profite de cette fonction en sollicitant ou en acceptant des dons, promesses ou avantages en vue d'accomplir ou de s'abstenir d'accomplir un acte de sa fonction. Cette personne reçoit le nom de corrompu. Ce type de corruption est sévèrement puni par le Code pénal. En effet, comme il en dispose : « Est puni de dix ans d'emprisonnement et de 150 000 euros d'amende le fait, par une personne dépositaire de l'autorité publique, chargée d'une mission de service public, ou investie d'un mandat électif public, de solliciter ou d'agréer, sans droit, à tout moment, directement ou indirectement, des offres, des promesses, des dons, des présents ou des avantages quelconques pour elle-même ou pour autrui : 1) Soit pour accomplir ou s'abstenir d'accomplir un acte de sa fonction, de sa mission ou de son mandat ou facilité par sa fonction, sa mission ou son mandat ; 2) Soit pour abuser de son influence réelle ou supposée en vue de faire obtenir d'une autorité ou d'une administration publique des distinctions, des emplois, des marchés ou toute autre décision favorable »[17].

Ce type de corruption recouvre le délit du trafic d'influence apparu après le scandale des décorations sous la IIIème République, évoqué en introduction, qui a été à l'origine de la loi du 4 juillet 1889 venant créer ce délit passible, pour les personnes investies d'un mandat électif, de la dégradation civique et d'une peine d'emprisonnement pour les autres fonctionnaires et agents publics. Après l'unification du régime pénal du trafic d'influence avec celui de la corruption par la loi du 16 mars 1943, le nouveau Code pénal, entré en vigueur le 1er mars 1994, réunit les deux délits au sein d'un seul et même article, l'article 432-11. La corruption passive et le trafic d'influence mettent en rapport deux personnes précises : le corrupteur et le corrompu

---

[17] C. pén., livre IV, titre III, chapitre 2, section 3, article 431-11, accessible sur Legifrance.gouv.fr : https://www.legifrance.gouv.fr/affichCodeArticle.do?idArticle=LEGIARTI000006418520&cidTexte=LEGITEXT000006070719&dateTexte=20071114

liés par un échange frauduleux et illicite au cours duquel, le corrompu monnaye sa fonction, pour la corruption *stricto sensu*, ou son influence, pour le trafic d'influence *stricto sensu*, auprès du corrupteur lui proposant en contrepartie du versement monétaire, une rétribution pouvant être variable. Le corrompu peut prendre l'initiative en sollicitant une contrepartie. Le délit est alors consommé dès lors que cette sollicitation a eu lieu[18].

Cette sollicitation de dons est centrale dans la caractérisation de l'infraction de corruption passive où se réalise le pacte de corruption entre le corrupteur et le corrompu avec un échange frauduleux de prestations monétaires. Il est important que la réception de dons soit antérieure à l'accomplissement de l'acte, relevant de la corruption active, pour que l'infraction soit constituée. En effet, la jurisprudence exige que soit explicitement démontrée « l'antériorité du pacte de corruption » entre le corrupteur et le corrompu dans le but de s'assurer de l'intention du corrompu de trafiquer sa fonction, en échange des dons promis par le corrupteur[19]. Cette exigence d'antériorité a disparu au début des années 2000 avec la loi n°2000-95 du 30 juin 2000 modifiant le Code pénal et le Code de procédure pénale relative à la lutte contre la corruption et transposant en droit français la Convention de l'OCDE du 17 décembre 1997. Celle-ci prévoit des incriminations particulières pour la corruption internationale et introduit également l'expression « à tout moment » dans les articles 432-11 et 433-1 du Code pénal. Cette expression permet de supprimer l'exigence de l'antériorité du pacte de corruption.

Relevant de l'article 433-1 du Code pénal, la corruption active désigne une situation où une personne physique ou morale obtient ou bien essaie d'obtenir, en échange de dons, de promesses ou de certains avantages, d'une personne exerçant une fonction publique, qu'elle accomplisse, retarde ou bien s'abstienne totalement d'accomplir ou de retarder un acte de sa fonction ou un acte facilité par elle. La tierce personne reçoit le nom de corrupteur. Cet article 433-1 du Code pénal vient consacrer en infraction distincte la corruption active du corrupteur

[18] ALT Éric, LUC Irène, *La lutte contre la corruption*, Paris, Presses universitaires de France, Collection « Que sais-je ? », 1997, p.52.
[19] *Ibidem.*, p. 53.

particulier et l'intérêt de cette distinction est de permettre les poursuites judiciaires et pénales séparées du corrupteur et du corrompu ainsi que l'incrimination des complices de chacun[20].

Tout comme la corruption passive, la corruption active fait l'objet d'une lourde sanction par le Code pénal : « Est puni de dix ans d'emprisonnement et d'une amende d'1 million d'euros, dont le montant peut être porté au double du produit tiré de l'infraction, le fait, par quiconque, de proposer sans droit, à tout moment, directement ou indirectement, des offres, des promesses, des dons, des présents ou des avantages quelconques à une personne dépositaire de l'autorité publique, chargée d'une mission de service public ou investie d'un mandat électif public, pour elle-même ou pour autrui : 1) Soit pour qu'elle accomplisse ou s'abstienne d'accomplir, ou parce qu'elle a accompli ou s'est abstenue d'accomplir, un acte de sa fonction, de sa mission ou de son mandat, ou facilité par sa fonction, sa mission ou son mandat ; 2) Soit pour qu'elle abuse, ou parce qu'elle a abusé, de son influence réelle ou supposée en vue de faire obtenir d'une autorité ou d'une administration publique des distinctions, des emplois, des marchés ou toute autre décision favorable »[21]. Il est clairement fait mention d'abus de fonction, de mission et de mandat dans cet article visant notamment les dépositaires de l'autorité publique, fonctionnaires ainsi qu'élus, fortement sujets à la corruption. Cet article 433-1 prévoit également un alourdissement de la peine d'amende à 2 millions d'euros dans le cas où « les infractions prévues au présent article portent atteinte aux recettes perçues, aux dépenses exposées ou aux avoirs qui relèvent du budget de l'Union européenne, des budgets des institutions, organes et organismes de l'Union européenne ou des budgets gérés et contrôlés directement par eux et qu'elles sont commises en bande organisée »[22].

---

[20] *Ibid.*, p.55.

[21] C. pén., livre IV, titre III, chapitre 2, section 3, article 433-1, accessible sur Legifrance.gouv.fr : https://www.legifrance.gouv.fr/affichCodeArticle.do;jsessionid=D82CF0A9451901D0F5DC8302FA6E3F20.tplgfr21s_1?idArticle=LEGIARTI000039113360&cidTexte=LEGITEXT000006070719&categorieLien=id&dateTexte=

[22] *Ibidem.*

Ces deux infractions, de corruption passive et de corruption active sont parfaitement complémentaires, en plus d'être distinctes l'une de l'autre et autonomes. Elles peuvent être poursuivies et jugées séparément par les magistrats saisis d'une infraction relevant soit de la corruption passive, soit de la corruption active. Il est, par ailleurs, important de comprendre que la répression d'une des infractions n'est en aucun cas subordonnée à la sanction de l'autre. La complémentarité de ces deux infractions est fondamentale dans le traitement judiciaire et pénale de ces dernières liant la personne du corrupteur et celle du corrompu comme le présente le schéma ci-dessous[23] :

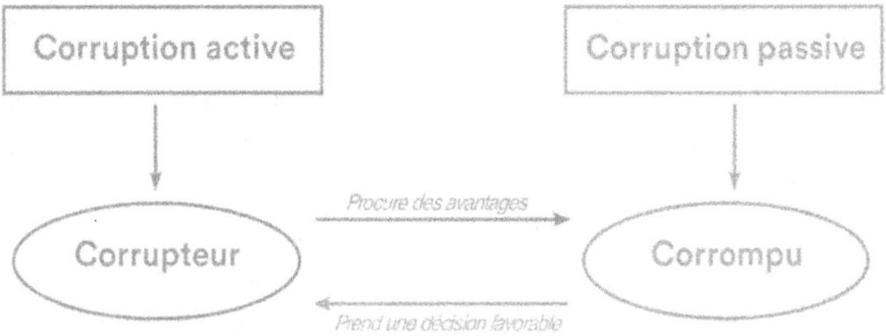

Le risque d'atteinte aux institutions est clairement mentionné par cet article consacrant la corruption active *stricto sensu* et la réprimant. La corruption est ainsi une réelle infraction institutionnelle et les acteurs politiques et institutionnels sont expressément visés par ces dispositions pénales cherchant à encadrer leurs actions et à leurs faire respecter l'exigence de probité publique. Le Code pénal, que ce soit pour les infractions de corruption passive ou pour celles de corruption active, indique que les personnes susceptibles de se rendre coupables de ces infractions doivent être des « personnes exerçant une fonction publique ». Trois catégories de personnes relevant de cette qualité peuvent être identifiées : les personnes dépositaires de l'autorité publique ; les personnes chargées d'une mission de service public ; les personnes investies d'un mandat électif. Le Code pénal

[23] Transparency International France, « Le délit de corruption », fiche pratique du 07/01/2019, accessible sur Transparency-France.org : https://transparency-france.org/wp-content/uploads/2019/01/Le-délit-de-corruption.pdf

fait également apparaître, avec ses articles 434-9 et 434-9-1, un régime spécial s'appliquant à la corruption passive ou active du personnel judiciaire dans le but de protéger efficacement l'action de la justice. Ainsi, les magistrats, greffiers, médiateurs ou arbitres sont protégés par ce régime spécial concernant également la corruption des agents des juridictions étrangères, sanctionnée par l'article 435-3 du Code pénal. Sur ce dernier point, il convient de retenir également que la corruption d'agents publics étrangers, européens ou internationaux, est également incriminée par le Code pénal avec les articles 435-1 pour la corruption passive, et 435-3 pour la corruption active. Elle s'impose, du fait du caractère d'extranéité des agents publics, comme un régime dérogatoire au droit commun.

Concernant les conditions de poursuite, la prescription de l'action publique, initialement de trois ans pour les faits de corruption, a été doublé en passant de ces trois ans à six ans suite à la réforme de la prescription entrée en vigueur le 1er mars 2017. La nature de l'infraction de corruption est instantanée et prend forme dès lors que les éléments constitutifs du pacte de corruption sont réunis. Dans le cas où l'infraction est occulte ou dissimulée, comme constatée par la jurisprudence récente de la chambre criminelle de la Cour de cassation, le délai de prescription prend forme à partir du jour où l'infraction a pu être constatée et poursuivie avec des conditions permettant l'exercice de l'action publique.

La corruption est également codifiée par le Code de procédure pénale fixant des règles précises notamment par son article 40 : « Toute autorité constituée, tout officier public ou fonctionnaire qui, dans l'exercice de ses fonctions, acquiert la connaissance d'un crime ou d'un délit est tenu d'en donner avis sans délai au procureur de la République et de transmettre à ce magistrat tous les renseignements, procès-verbaux et actes qui y sont relatifs »[24]. Étant un délit, la corruption entre parfaitement dans le cadre de cet article imposant l'obligation de dénoncer

---

[24] C. pr. pén., Partie législative, Livre 1er, Titre 1, chapitre 2, section 3, article 40, accessible sur Legifrance.Gouv.fr : https://www.legifrance.gouv.fr/affichCodeArticle.do?idArticle=LEGIARTI000006574933&cidTexte=LEGITEXT000006071154&dateTexte=20040310

aux officiers publics ainsi qu'à toutes les catégories de fonctionnaires de l'État et des collectivités territoriales. Concernant les élus, la loi n° 2004-204 du 9 mars 2004 portant une adaptation de la justice aux évolutions de la criminalité a créé deux nouveaux articles au Code général des collectivités territoriales qui imposent à des élus de dénoncer au parquet des infractions dont ils auraient connaissance. L'article L. 2211-2 du Code général des collectivités territoriales établit que, conformément à l'article 40 du Code de procédure pénale, le maire est tenu de signaler sans délai au procureur de la République les crimes ou les délits dont il acquiert la connaissance dans l'exercice de ses fonctions. Le Code pénal et le Code de procédure pénale apparaissent ainsi se compléter dans le traitement de l'infraction de corruption caractérisée comme un atteinte à la probité publique.

§ 2. Le rattachement de la corruption à ses infractions connexes

Infraction multiface en droit pénal français, la corruption est connexe avec plusieurs autres infractions s'apparentant à cette dernière et faisant partie de la famille des atteintes à la probité mise en évidence dans le Livre IV du Code pénal intitulé « Des crimes et délits contre la nation, l'État et la paix publique » comme l'illustre le schéma ci-dessous[25].

[25] Agence Française Anticorruption, « Présentation des atteintes à la probité », Cour en ligne (MOOC CNFPT) « Corruption, favoritisme, détournement de fonds…comment les prévenir dans la gestion publique locale ? », mai 2019.

AFA
Agence Française Anticorruption
Les atteintes à la probité
Livre IV du code pénal: Des crimes et délits contre la nation, l'Etat et la paix publique
Titre III : Des atteintes à l'autorité de l'Etat
Le détournement de fonds publics
Articles 432-15 et 433-4 du code pénal
Fait pour un agent de détruire, détourner ou soustraire des fonds ou des biens publics qui lui ont été remis en raison de ses fonctions ou de sa mission
La corruption
Articles 433-1 et 432-11 du code pénal
Fait pour un agent public de demander ou d'accepter un avantage quelconque en contrepartie de l'accomplissement ou du non accomplissement d'un acte de sa fonction
Le trafic d'influence
Article 433-2 du code pénal
Fait pour un agent public d'accepter ou de demander un avantage pour, en contrepartie, user de son influence sur une autorité publique
La prise illégale d'intérêt
Article 432-12 du code pénal
Fait pour un agent de prendre, recevoir ou conserver un intérêt personnel dans une affaire dont il a à connaitre à l'occasion de ses fonctions
Le favoritisme
Article 432-14 du code pénal
Fait pour un agent public d'octroyer un avantage injustifié à une entreprise du fait du non-respect des principes de la commande publique : égalité de traitement des candidats, liberté d'accès et transparence des procédures
La concussion
Article 432-10 du code pénal
Fait pour un agent public de profiter de sa fonction pour percevoir sciemment des sommes indues ou de s'abstenir de percevoir des sommes dues.

Relevant précisément des articles 433-1 et 432-11 de ce même Code pénal, la corruption est bien souvent confondue avec ces infractions qui s'y apparentent mais qui sont codifiées différemment en droit pénal français. La stricte codification de ces infractions complexes permet un traitement plus efficace de ces dernières par les magistrats et autres personnels de justice.

Définie par l'article 432-12 du Code pénal, l'infraction de prise illégale d'intérêt est un héritage du droit romain qui a été poursuivi par le droit pénal français. Elle désigne le fait pour un agent public de recevoir ou conserver un intérêt personnel à l'occasion d'une situation pouvant se présenter dans l'exercice de ses fonctions. L'objectif principal de cette infraction est de prohiber la confusion entre les intérêts personnels privés et l'intérêt général public dans la gestion des affaires publiques, fondamentale dans le système politique et institutionnel français. Cette infraction est présente pour garantir l'impartialité dans la prise de décision par les agents publics pouvant se trouver dans des situations de conflits d'intérêts notamment avec le processus de cumul des mandats considéré comme une « spécificité française » et que plusieurs lois sont venues limiter. Tel qu'il est codifié, ce délit de prise illégale d'intérêt vise à réprimer les agents et acteurs publics qui s'exposent au potentiel soupçon de partialité. Il vise également les agents et acteurs publics qui se placent, en parfaite connaissance de causes, dans une situation où leur intérêt propre est susceptible d'être regardé comme entrant en conflit avec l'intérêt public dont ils ont la charge. Assortie d'une lourde charge, l'article 432-12 du Code pénal dispose qu'« est puni de cinq ans d'emprisonnement et d'une amende de 500 000 euros, dont le montant peut être porté au double du produit tiré de l'infraction »[26]. Par ailleurs, le juge saisi a la possibilité de prononcer des peines complémentaires.

Considérée comme une certaine forme de prise illégale d'intérêt en droit pénal français, l'infraction qui est généralement nommée « pantouflage » est prévue par l'article 432-13 du

---

[26] C. Pén., Livre IV, Titre III, chapitre 2, section 3, paragraphe 3, article 432-12, accessible sur Legifrance.Gouv.fr : https://www.legifrance.gouv.fr/affichCodeArticle.do?idArticle=LEGIARTI000028311900&cidTexte=LEGITEXT000006070719&dateTexte=20131208

Code pénal. Terme à l'origine issu du vocabulaire de l'École Polytechnique où la « pantoufle » était généralement le prix à payer afin de « racheter » les années de service qu'un élève devait à l'État, le délit de pantouflage désigne, en réalité, une situation de prise illégale d'intérêt commise par une personne qui a exercé une fonction publique avant l'expiration d'un délai de trois ans suivant la fin de ces fonctions. Le but de cette infraction est d'éviter, qu'un agent public qui est chargé de surveiller ou de contracter avec une entreprise du secteur privé, parvienne à favoriser cette dernière dans l'espoir d'obtenir une embauche à brève échéance, de détenir plusieurs parts sociales ou bien ait la possibilité d'y exercer un travail de conseil à long terme. Particulièrement répandu parmi les énarques des corps prestigieux et notamment du corps de l'inspection générale des Finances (IGF), le pantouflage fait l'objet d'une sanction d'un maximum de trois d'emprisonnement et d'une amende de 200 000 euros comme en dispose l'article 432-13 du Code pénal[27].

En tant que délit de prise illégale d'intérêt, le juge saisi a également la possibilité de prononcer des peines complémentaires. Codifié comme un délit, le pantouflage apparaît également comme un phénomène relativement prégnant dans la sphère publique où de nombreux agents publics rejoignent le secteur privé. Dans la grande majorité des personnes issues de l'inspection générale des Finances, les départs se font en direction du secteur financier et immobilier (52 %) auquel il faut ajouter le secteur des assurances (5 %), ainsi que dans les entreprises industrielles (36 %)[28]. Délit généralisé dans la pratique des acteurs publics et institutionnels, la loi n° 2013-907 du 11 octobre 2013 relative à la transparence de la vie publique est cependant venue durcir ce délit. L'interdiction, applicable jusqu'à présent aux seuls agents publics, de rejoindre une entre-

---

[27] C. Pén., Livre IV, Titre III, chapitre 2, section 3, paragraphe 3, article 432-13, accessible sur Legifrance.Gouv.fr : https://www.legifrance.gouv.fr/affichCodeArticle.do?idArticle=LEGIARTI000033912762&cidTexte=LEGITEXT000006070719&dateTexte=20170122

[28] ROUBAN Luc, « L'inspection générale des Finances, 1958-2008 : pantouflage et renouveau des stratégies élitaires », *Sociologies pratiques*, 2010/2, n°21, 2010, p. 25.

prise privée avec laquelle ils ont été en relation du fait de leurs fonctions a été étendue aux anciens ministres et aux anciens responsables exécutifs locaux.

Dans la continuité des articles suivant l'article 432-11 du Code pénal concernant la corruption, l'article 432-14 est venu prévoir le délit de favoritisme. Défini comme le fait de « procurer ou de tenter de procurer à autrui un avantage injustifié par un acte contraire aux dispositions législatives ou réglementaires »[29] en matière de marchés publics, de délégations de service public ainsi que de contrat de concession, le délit de favoritisme a été créé au début des années 1990 à la suite de scandales liés au financement des partis politiques par l'intermédiaire de marchés publics comme a pu l'illustrer l'affaire impliquant le bureau d'études Urba et le Parti socialiste (PS). Comme le prévoit l'article 432-14 du Code pénal, le délit de favoritisme est puni d'un maximum de deux ans d'emprisonnement et de 30 000 euros d'amende avec un montant qui peut également être porté au double du produit tiré de l'infraction commise. Comme pour les infractions précédentes, le juge a la possibilité de prononcer des peines complémentaires. Depuis les lois de moralisation de septembre 2017, la ou les personnes reconnues coupables du délit de favoritisme devient obligatoirement inéligible sauf en cas de dispense exceptionnelle accordée par le juge.

Toujours dans la continuité des infractions de probité publique suivant le délit de corruption, référenciées par le Code pénal, l'infraction de détournement de fonds public fait l'objet d'un traitement particulier. C'est aussi une infraction très ancienne et connue dès le droit romain. Définie par l'article 432-15 du Code pénal, l'infraction de détournement de fonds publics vient sanctionner la stricte obligation de probité pesant sur les acteurs publics chargés de gérer et de manier des fonds ou des biens publics qui leur sont confiés au titre de leur mission de service publique. Les inspecteurs des finances, par exemple,

---

[29] C. Pén., Livre IV, Titre III, chapitre 2, section 3, paragraphe 4, article 432-14, accessible sur Legifrance.Gouv.fr : https://www.legifrance.gouv.fr/affichCodeArticle.do?idArticle=LEGIARTI000006418528&cidTexte=LEGITEXT000006070719&dateTexte=20020101

relèvent de ce type de personnes. Le délit de détournement de fonds publics est puni d'une peine de 10 ans d'emprisonnement maximum ainsi que d'une amende d'1 million d'euros. Comme les précédentes infractions, le montant de l'amende peut même être porté au double du produit tiré de l'infraction et le juge peut prononcer des peines complémentaires. L'article 432-15 prévoit également que « la peine d'amende est portée à 2 millions d'euros ou, s'il excède ce montant, au double du produit de l'infraction, lorsque l'infraction prévue au premier alinéa porte atteinte aux recettes perçues, aux dépenses exposées ou aux avoirs qui relèvent du budget de l'Union européenne, des budgets des institutions, organes et organismes de l'Union européenne ou des budgets gérés et contrôlés directement par eux et qu'elle est commise en bande organisée »[30].

Infraction créée par une loi de 1889 à la suite du scandale des décorations, comme expliqué précédemment, le délit de trafic d'influence est réprimé par les articles 432-11 et 433-1 du Code pénal. Exactement de la même manière que la corruption, le trafic d'influence consiste à offrir une rémunération ou un avantage à une personne publique, mais non pas pour qu'elle accomplisse un acte de sa fonction mais plutôt afin qu'elle se serve de son influence auprès d'une tierce personne qui dispose du pouvoir de décision. Le Code pénal cherche à réprimer les fonctionnaires proposant de jouer un rôle ou d'utiliser un pouvoir d'influence illicite, réelle ou supposée, sur un autre décideur public en échange de gratification notamment financière. La relation tripartite est essentielle pour caractériser le délit de trafic d'influence. Il y a le corrupteur, celui qui souhaite corrompre, son intermédiaire public, celui qui monnaye son influence, et enfin le décideur public final, tiers à l'entreprise de trafic d'influence et qui dispose d'un pouvoir de décision. Comme pour la corruption, le délit de trafic d'influence peut être passif ou actif et est puni des mêmes peines que le type de

---

[30] C. Pén., Livre IV, Titre III, chapitre 2, section 3, paragraphe 5, article 432-15, accessible sur Legifrance.Gouv.fr :
https://www.legifrance.gouv.fr/affichCodeArticle.do?idArticle=LEGIARTI000039113380&cidTexte=LEGITEXT000006070719&dateTexte=20190920

corruption, active ou passif, auquel il se rattache et qui est défini par les articles 432-11 et 433-1 du Code pénal.

Infraction également ancienne et issue du droit romain, le délit de concussion est prévu par l'article 432-10 du Code pénal qui le définit comme « le fait, par une personne dépositaire de l'autorité publique ou chargée d'une mission de service public, de recevoir, exiger ou ordonner de percevoir à titre de droits ou contributions, impôts ou taxes publics, une somme qu'elle sait ne pas être due, ou excéder ce qui est dû »[31]. Cette infraction vise précisément les personnes qui sont dépositaires de l'autorité publique ou qui sont chargées d'une mission de service public. C'est une infraction purement intentionnelle grandement proche de la corruption et dont la distinction avec cette dernière a été entérinée par le Code pénal de 1810. Le délit de concussion est puni de cinq d'emprisonnement et d'une amende de 500 000 euros. Comme les infractions précédentes, le montant de sa peine peut être porté au double du produit tiré de l'infraction. La concussion est, par ailleurs, un délit dont la tentative même est punissable. Ainsi, un maire qui avait imposé à chaque promoteur ou particulier le paiement d'une somme par logement construit et qui n'a été prévue ni par aucun texte ni par une délibération du conseil municipal, sachant que ces perceptions étaient versées sur un compte occulte d'un établissement public communal, a été condamné pour délit de concussion par la chambre criminelle de la Cour de cassation[32].

Le Code pénal caractérise et définit ainsi chacune des infractions connexes à la corruption semblant bel et bien apparaître comme une espèce d'hydre juridique en droit pénal français avec la grande diversité d'infractions qui s'y rattachent au sein de la catégorie des atteintes à la probité publique.

---

[31] C. Pén., Livre IV, Titre III, chapitre 2, section 3, paragraphe 1, article 432-10, accessible sur Legifrance.Gouv.fr :
https://www.legifrance.gouv.fr/affichCodeArticle.do?idArticle=LEGIARTI000028311905&cidTexte=LEGITEXT000006070719&dateTexte=20131208

[32] Cass. Crim., 16 mai 2001 ; *JurisData* n°2002-009962 ; Bull. crim. 2001, n°124; Dr. pen. 2001, comm. 125, note M. VÉRON ; D. 2002, obs. M. SEGONDS, somm. p.1797.

SECTION 2. UN PHÉNOMÈNE SOCIAL AU CŒUR DU RÉGIME DÉMOCRATIQUE

Parfaitement définie et codifiée par le droit pénal français, la corruption est également définie sociologiquement en raison de son extrême prégnance dans les sociétés notamment démocratiques et qui fait même partie de la culture sociale et politique de ces dernières. Devant être essentiellement envisagée sous la forme d'un échange social, la corruption est indubitablement reliée au système clientéliste.

§ 1. La culture sociale et politique de la corruption

Véritable phénomène de société, la corruption a fait l'objet de plusieurs travaux sociologiques notamment anglo-saxons qui l'ont définie et qui ont décrit son imbrication dans la structure sociale et politique. L'enjeu de l'ensemble des réflexions sur la corruption, et cela dès les premières investigations américaines du début du XXème siècle, porte en grande partie sur le sujet majeur de la sauvegarde de la démocratie gravement affectée par le phénomène de corruption[33]. Ce qui est clairement mis en cause par ce phénomène, ce sont les usages et mésusages des mandats publics ainsi que la crédibilité des systèmes de délégation et de représentation qui sont à la base des systèmes démocratiques, au-delà de cette dimension des usages mandataires[34]. La démocratie est dangereusement menacée par la corruption qui érode notamment la confiance en son système et en ses institutions.

La production de travaux sociologiques anglo-saxons demeure conséquente et riche d'enseignements sur ce problématique phénomène de corruption. Les toutes premières investigations se sont réalisées aux États-Unis, au tout début du XXème siècle, avec les travaux du journaliste Lincoln Steffens, grand précurseur de la réflexion en ce domaine d'étude de la corruption. Dans ses ouvrages, *The Struggle for Self-Govern-*

---

[33] LASCOUMES Pierre, NAGELS Carla, *Sociologie des élites délinquantes. De la criminalité en col blanc à la corruption politique*, Paris, Armand Colin, 2014, p. 221.
[34] *Ibidem.*, p. 221.

ment (1901) et *The Shame of the Cities* (1904), il révèle la redoutable ampleur des pratiques frauduleuses ainsi que leur caractère structurel et les échecs de leur traitement politique après avoir enquêté sur six grandes villes des États-Unis ayant connu des scandales de corruption à répétition[35]. Il s'attaque en particulier à ce qu'il nomme le « boss system » où les patrons politiques se comportent en véritables propriétaires du pouvoir local et mettent en œuvre leur définition du bien commun sur le territoire qu'ils contrôlent. Ses théories et analyses rencontrent un franc succès et parviennent à trouver un écho favorable dans le réformisme républicain du Président Theodore Roosevelt menaçant de mettre en marche sa politique de « *Big stick* » à l'échelle internationale. Elles vont aussi être à la base du premier travail académique réalisé en la matière par le juriste et politicien Henry J. Ford, en 1904, où il plaide pour le durcissement des règles de probité publique et le renforcement d'institutions centrales ou plutôt fédérales dans le but de réduire une trop stricte séparation des pouvoirs en vigueur aux États-Unis ainsi que la forte dispersion des responsabilités qui en découle[36].

Les travaux conduits par Edwin Sutherland dans les années 1940 sont venus poursuivre la réflexion initiée au début du XXème siècle sur la corruption et son traitement. Véritable père fondateur de la sociologie de la délinquance en col blanc, les travaux de Sutherland et notamment son ouvrage majeur *White Collar Crime* (1949), dans lequel il définit, comme son titre l'indique la criminalité en col blanc, ont fait l'objet d'une censure. La criminalité en col blanc peut être définie de multiples manières. Il s'agit généralement d'un crime de tromperie motivé par le gain financier commis par une personne jouissant d'un statut social élevé et d'une grande respectabilité. Il a également fait part dans ses travaux de la faiblesse des sanctions contre les élites politiques et financières qui font rarement

---

[35] STEFFENS Lincoln, *The Shame of the Cities*, New York, Hill & Wang, 1904, 214 p.
[36] FORD Henry J., « Municipal Corruption », *Political science quarterly*, vol. 19, n°4, 1904, pp. 673-686.

l'objet de condamnations pénales montrant ainsi une faille considérable de la justice américaine[37].

La réflexion sociologique sur le phénomène de corruption s'est enrichie durant les années 1950 et a été renouvelé par de nouveaux travaux basés sur des approches fonctionnalistes et culturalistes. Les travaux de Robert Merton ont permis de modifier le regard normatif porté jusqu'à présent sur les pratiques de « corruption » en les considérant non comme des pathologies mais plutôt comme des pratiques remplissant un certain nombre de fonctions dont il en distingue quatre principales[38] : la fonction sociale que les élus assurent vis-à-vis des populations ; la fonction d'attention portée par les élus aux besoins des acteurs économiques faibles ; la fonction de socialisation des représentants de minorités étrangères par leur intégration dans les « machines politiques » ; et enfin la fonction de maintien des relations avec les milieux marginaux bien souvent engagés dans des activités déviantes et délinquantes.

L'approche culturaliste dans les travaux de sociologie de la corruption a également été développée aussi au début des années 1950, dans la continuité de l'approche fonctionnaliste. Cette approche sociologique s'est efforcée de rendre compte de l'éventuelle co-existence au sein d'un même pays, ou d'un même territoire de populations portant des systèmes de valeurs et de compréhension du monde de nature différente[39]. L'approche culturaliste analyse aussi bien les modes spécifiques de transmission des systèmes normatifs et axiologiques que les différentes façons d'entretenir leur cohérence, ainsi que les effets de confrontation de ces derniers systèmes entre eux avec les modifications qui en découlent[40].

---

[37] Pour davantage d'informations sur les réflexions et l'analyse issues des travaux de SUTHERLAND, voir SUTHERLAND Edwin H., *White Crime Collard. The Uncut Version*, New Haven, London, Yale University Press, 1983, 291 p.

[38] MERTON Robert K., *Social theory and social structure*, New York, Glencoe, 1949, pp. 71-81.

[39] Voir WILSON James Q., BANFIELD, Edward C., *City Politics*, Cambridge, Cambridge University Press, 1963, 374 p.

[40] LASCOUMES Pierre, NAGELS Carla, *Sociologie des élites délinquantes*, *op. cit.*, p. 231.

À la base de cette réflexion aux États-Unis se trouvaient les différents causé par l'afflux massif de populations d'origine étrangère dans les grandes cités américaines, au cours notamment des années 1960. Ces nombreux immigrants étaient dotés d'un faible statut social et étaient également en demande d'aide et de justice. Ces populations étaient porteuses d'un *ethos* politique principalement centré sur l'accès aux faveurs, la loyauté interpersonnelle ainsi que sur le gain individuel[41]. Cette situation a entraîné de nombreux conflits de valeurs avec les américains issus de la culture *White Anglo-Saxon Protestant* (WASP). Les activités déviantes des nouvelles populations immigrantes aux États-Unis, dont la corruption semblait uniquement apparaître dans le but de recherche de protection, apparaîtraient comme des moyens, des stratégies sous-culturelles pouvant leur permettre d'atteindre les objectifs sociaux légitimes que ces populations visent. Il semble ainsi y avoir une appropriation culturelle de la corruption dans un but d'intégration sociale. L'approche culturaliste est essentielle pour comprendre le phénomène de corruption aux États-Unis mais également en France où la corruption prend une forte dimension cultuelle notamment dans la perception qu'ont les citoyens de leurs représentants politiques et institutionnels.

Une autre approche étudiant la culture sociale et politique de la corruption se centre sur l'optique économique de choix rationnel et la logique de marché. L'économie politique qui s'est intéressée, depuis les années 1960, aux pratiques de corruption par les acteurs politiques et économiques, a développé des approches qui appliquent les logiques de marché à ce domaine précis. La corruption est étudiée et analysée en termes de transaction, d'échange économique entre différents acteurs. Ce qui est central dans cette approche de la corruption est la recherche d'une maximisation du profit liée à une position sociale et au déséquilibre des forces entre la demande d'avantages et l'offre d'interventions que le processus de corruption peut susciter. La compréhension des processus de corruption sous l'angle éco-

[41] BANFIELD Edward C., « Corruption as a feature of governmental organization », *Journal of law and economics*, vol. 18, n°3, 1975, pp. 587-606.

nomique est apparue comme un préalable à la conception de programme de lutte efficace en contraignant les dynamiques d'offre et de demande[42]. La corruption est ainsi supposée à faciliter les dynamiques économiques et sociales et d'augmenter les coûts de transaction économique.

Dans les années 1990, se sont développées de nouvelles approches en termes de choix rationnel qui ont également contribué à la théorisation des pratiques de corruption[43]. Ces approches se sont axées sur une relation tripartite au cœur de la corruption, la relation Principal-Agent-Client. Ces théories considèrent que l'Agent est en situation de défection par rapport à la confiance qui lui a été accordé par un Principal[44]. Dans ce modèle, les institutions sont considérées comme des instances posant des règles collectives censées régler les rapports entre individus. Certains échanges peuvent présenter des coûts de transaction que les acteurs politiques, institutionnels ou économiques peuvent chercher à réduire par des échanges impliquant de la corruption.

Les approches institutionnalistes et néo-institutionnalistes de la corruption en sociologie se sont développées dans la continuité des travaux pionniers sur la corruption. Les activités politiques et particulièrement dans les régimes démocratiques, sont cadrées et régies par un vaste ensemble de normes au sein d'un système juridique rigoureux. La Constitution, les lois ordinaires et organiques, les règlements ainsi que les différentes organisations politiques, institutionnelles et juridiques tel qu'un Parlement, un Conseil constitutionnel ou un Conseil d'État participent à encadrer la vie politique et institutionnelle lourdement en proie à la délinquance économique et financière impliquant la sphère de la corruption. De nombreux travaux ont établi des panoramas des différentes approches institutionnelles

---

42 ROSE-ACKERMAN Susan, « The political economy of corruption », Kimberly A. ELLIOTT (ed.), *Corruption in the global economy*, Washington, Institute for International Economics, pp. 31-60.

43 BULL Martin J., NEWELL James L., « New avenus in the study of political corruption », *Crime Law and Social Change*, vol. 27, pp. 167-183.

44 LAMBSDORFF Johann G., *The Institutional Economics of Economics of Corruption and reform: theory, evidence, policy*, Cambridge, Cambridge University Press, 2007, p. 18.

et néo-institutionnelles. L'ouvrage collectif *Démocratie et corruption en Europe* (1995) d'Yves Mény et de Donatella Della Porta se centre sur ces approches et établit notamment des liens entre les structures étatiques et les diverses atteintes à la probité dans lesquels la corruption tient une place majeure. Dans cette optique, certains travaux ont poursuivi la réflexion amorcée en expliquant notamment la faible visibilité des pratiques transgressives jusqu'au début des années 1990 en France notamment en fonction du mode de gouvernement extrêmement centralisé, issu de la tradition jacobine, de la circulation des élites entres les différents secteurs, publics et privés, ainsi que les intérêt croisés des principaux acteurs politiques et institutionnels impliqués avec également le jeu des privilèges de juridiction des élus[45].

D'autres travaux se sont centrés sur l'impact des différentes structures d'opportunité entre la fonction des éléments offerts par les règles électorales et les structures constitutionnelles. Dans la dimension économique, les économistes institutionnalistes ont également développé des travaux et des théories rompant avec les approches de choix rationnel en sociologie de la corruption et ont mieux pris en compte les liens entre les structures étatiques et institutionnelles et les pratiques corrompues des différents acteurs. Pour ces économistes, le plus important dans l'analyse est le mode de construction de l'État et des relations sociales sur lesquels ce dernier repose et s'appuie[46]. Généralement, ils s'appuient sur quatre critères de qualité gouvernementale et, indirectement, de limitation de la corruption : la stabilité du pouvoir politique ; le professionnalisme de l'administration ; une économie ouverte et régulée ; et un système judiciaire autonome[47]. Néanmoins, il peut subsister de nombreux obstacles à la réalisation de ces critères comme certains blocages politiques ou une faible crédibilité de l'administration et de la justice. Au-delà de la perception de la

[45] RUGGIERO Vicenzo, « France : corruption as resentment », *Journal of law and society*, vol. 23, n°1, pp. 113-131.

[46] CARTIER-BRESSON Jean, « Éléments d'analyse pour une économie de la corruption », *Tiers Monde*, tome 33, n°131, 1992, pp. 581-609.

[47] LASCOUMES Pierre, NAGELS Carla, *Sociologie des élites délinquantes*, *op. cit.*, p. 241.

corruption par les économistes et les sociologues travaillant dessus, ils s'accordent sur une définition précise de ce phénomène, la lutte contre la corruption, qui est souvent l'objet de faux consensus et donnant lieu localement à des appropriations très diverses[48]. Il n'y a pas vraiment de consensus établi au niveau de la recherches sur la question de la lutte anticorruption qui souffrent notamment d'un vide considérable concernant les travaux de recherche.

Le phénomène de corruption fait ainsi l'objet de plusieurs définitions sociologiques par l'intermédiaires des différents travaux de recherche essentiellement anglo-saxons qui sont assez unanimes pour considérer la corruption comme une grave atteinte à la probité publique et au modèle démocratique, au gouvernement et la société des régimes démocratiques. Ces travaux établissent notamment le lien entre la corruption et la pratique du clientélisme dont usent et abusent de nombreux décideurs publics et institutionnels.

§ 2. La corruption comme échange social – l'exemple du clientélisme politique

Dans la mise en œuvre de son processus, la corruption se lie avec la pratique du clientélisme utilisé par les élites politiques pour accéder au pouvoir et le conserver le plus longtemps possible. Envisagé sous sa forme la plus générale, la notion de clientélisme sert à désigner des liens personnalisés, entre divers individus appartenant à divers groupes sociaux qui disposent de ressources matérielles et symboliques de valeur relativement inégale[49]. S'entendant véritablement comme un rapport entre individus de statuts économiques et sociaux inégaux, le clientélisme repose sur des échanges durables de biens et de services, généralement conçus comme des obligations morales unissant un « patron » et les « clients » qui en dépendent[50]. La logique du

[48] *Ibidem.*, p. 242.
[49] BRIQUET Jean-Louis, SAWICKI Frédéric (dir.), *Le clientélisme politique dans les sociétés contemporaines,* Paris, Presses universitaires de France, 1998, p. 7.
[50] *Ibidem.*, p. 7.

clientélisme politique est similaire à celle de l'entreprise où le patron se doit de fournir une réponse adéquate à ses potentiels clients. Ici, les acteurs politiques jouent le rôle du « patron » en fournissant des avantages matériels ou immatériels par leurs décisions et promesses aux citoyens électeurs qui constituent les « clients ».

Les termes « clientélisme » et « corruption » sont fréquemment accolés l'un à l'autre, ce qui suggère qu'ils sont connexes, à savoir qu'ils se recoupent largement sur le plan conceptuel et analytique sans se confondre, et qu'ils sont fréquemment associés, de surcroît, aux phénomènes auxquels ils renvoient sur le plan empirique[51]. Pratique courante dans l'activité politique française notamment depuis la IIIème République, le clientélisme a permis à de nombreux acteurs politiques d'accéder au pouvoir et de s'y maintenir en usant bien souvent des moyens relevant de la corruption. Le clientélisme politique repose sur un ensemble de pratiques qui instrumentalisent certains types de relations personnelles. Au fondement du clientélisme politique se trouvent des relations de clientèle sur la base desquelles vont s'édifier des réseaux clientélaires. C'est précisément l'articulation des relations de clientèle à la vie politique qui conduit à associer le clientélisme à la corruption[52]. Pour Jean-François Médard, le clientélisme est « un rapport de dépendance personnelle non lié à la parenté qui repose sur un échange réciproque de faveurs entre deux personnes, le patron et le client qui contrôlent des ressources inégales »[53]. Il met en relation les problématiques d'échange-don ou échange symbolique, développée par l'anthropologue Marcel Mauss, ainsi que celle l'échange social, développée par Peter Blau, et emploie les expressions de « corruption échange-social » et de « corruption-échange économique » dans ses travaux. Le clientélisme se fonde ainsi entièrement sur la dimension de l'échange entre

---

[51] MÉDARD Jean-François, « Clientélisme politique et corruption », *Tiers Monde*, tome 41, n°161, 2000, p. 75.

[52] *Ibidem.*, p.76.

[53] MÉDARD Jean-François, « Le rapport de clientèle : du phénomène social à l'analyse politique », *Revue française de science politique*, n° 1, vol. 26, février 1976, p. 103.

personnes. Cet échange peut-être un échange de biens, de faveurs ou de services moyennant généralement finance.

La question de la corruption ne se pose, dans l'exemple du clientélisme, que lorsque la relation de clientèle, échange social de nature privée, interfère avec le domaine du public, c'est-à-dire du politique et de l'administratif. On parle ainsi de clientélisme politique, et donc d'une forme de corruption qui ne relève pas de l'échange économique comme dans la logique de l'entreprise, mais bien de l'échange social, comme lorsqu'on parle de copinage politique ou de népotisme[54]. Deux conditions doivent être réunies pour parler de corruption au sens stricte du terme dans l'exemple du clientélisme. Il convient tout d'abord qu'il y ait interférence des relations d'ordre privé sur les relations d'ordre public. Ensuite, il faut que la différenciation objective (public-privé) soit doublée d'une différenciation subjective[55]. La corruption s'envisage ici en tant qu'échange social ainsi qu'en tant qu'immersion de la sphère privée sur la sphère publique. Le clientélisme politique présente des liens similaires et analogues à la corruption tout comme aux cas d'atteintes à la probité publique. Il reprend également la question de la professionnalisation politique portée par Max Weber, dès le début du XXème siècle, dans *Le savant et le politique*, avec tous les problèmes posés par le financement de la vie politique et par cette professionnalisation. Le clientélisme politique illustre ainsi la place considérable de l'argent dans la vie politique et particulièrement dans celle des campagnes électorales et des partis établis notamment à partir de la fin des années 1980 où de nombreux scandales politico-financiers commencent à apparaître. La conception wébérienne de l'État moderne et son idéal-type de domination légale-rationnelle rend parfaitement compte de l'idée de pouvoir institutionnalisé mettant en avant une conception excluant une mauvaise considération de la corruption puisqu'elle est considérée comme une pratique quel-

[54] MÉDARD Jean-François, « Clientélisme politique et corruption », *art. cit.*, p. 79.
[55] *Ibidem.*, p. 79.

conque ce qui lui permet, dans un sens, d'avoir l'avantage de s'appliquer à tous les systèmes politiques différenciés[56].

La corruption sous l'angle du clientélisme met en lumière les différents échanges entre les acteurs politiques et institutionnels usant et abusant de cette pratique pour se favoriser ou favoriser leurs relations. Les échanges politiques constituent le tissu même de la vie politique et administrative française qui ne peut être réduite à la simple application de la loi et des règles. Ces échanges sont structurés de façon variable en des réseaux d'amis et de clients[57]. Ces échanges permettent de mieux saisir comment le clientélisme politique et, d'une façon plus générale, les réseaux relationnels légaux ou illégaux des acteurs politiques et institutionnels, font partie intégrante du monde de fonctionnement concret de ce dernier, ce qui souligne une certaine antinomie problématique à l'appréhension et au traitement des cas de corruption employés sous le prisme du clientélisme politique[58]. Cette antinomie entre l'État au sens moderne et wébérien et les pratiques clientélaires et de corruption se rajoute à la contradiction de base entre ces pratiques et le modèle démocratique qui est sérieusement affecté par ces dernières. Le clientélisme empoisonne la démocratie et ses institutions de la même manière que la corruption qui en découle. Le clientélisme qui repose sur le particularisme et le favoritisme et la corruption économique sont la négation même de l'universalisme et de l'égalité prévalant en démocratie. On peut ainsi bien voir et en déduire que la démocratie s'arrête là où la corruption commence[59].

La corruption se définit par échanges de faveurs avec les cas précis de corruption-troc et de corruption échange-social[60]. Dans le cas de la corruption-troc, il s'agit d'un échange où l'acteur A ne manifeste un comportement X que s'il y a réciprocité d'une conduite définie Y de l'acteur B. Les obligations du contrat entre les différentes parties sont clairement spéci-

---

[56] *Ibid.*, p. 82.
[57] *Ibid.*, p. 83.
[58] *Ibid.*, p. 83.
[59] *Ibid.*, p. 84.
[60] PADIOLEAU Jean-Gustave, « De la corruption dans les oligarchies pluralistes », *Revue française de sociologie*, 16-1, 1975, p. 35.

fiées ; les biens s'échangent au moment de la transaction et le contrat stipule avec précision les obligations réciproques des protagonistes. Par ailleurs, les contributions sont offertes la plupart du temps à l'initiative des acteurs privés en vue de l'obtention de décisions prises. La corruption-échange social recouvre les actions d'une personne (A) entreprises pour recevoir des récompenses attendues des *alter* (B) présents dans la situation d'échange[61]. Peter Blau a décrit les modalités relevant ou s'approchant de ce type de corruption comme beaucoup plus complexes et différenciées que celles relevant de la logique ordinaire de l'échange économique[62]. Du fait de leurs caractéristiques propres, les pratiques clientélaires doivent être assimilées à la forme de corruption-échange-social qui implique par ailleurs fortement la dimension économique comme relevé plus haut avec les affaires de financement des partis.

Dans son approche du clientélisme et de la corruption, Jean-François Médart relève trois observations entre les pratiques clientélaires et la corruption qui suscitent interrogation[63]. Tout d'abord, il relève que le clientélisme politique incite à la corruption économique impliquant une véritable redistribution particulariste contre divers services politiques à coût économique. Deuxièmement, il relève l'idée que si le clientélisme politique implique le recours à la corruption économique, il est arrivé que la corruption économique totalement incontrôlée puisse aller jusqu'à rompre les liens sociaux que constituent les rapports de clientèles et saper ainsi littéralement, sur cette dimension, les bases fondamentales de la société et de la démocratie. Enfin, dans sa réflexion, il souligne l'instrumentalisation du clientélisme politique par la corruption économique qui trouve illustration dans l'esprit des cercles vicieux clientélisme-corruption-clientélisme mise en avant par Donatella Della Porta à propos de l'Italie. Selon elle, la gestion clientélaire des offres d'emploi dans l'Administration publique italienne et des nominations par les partis au sein de la bureaucratie publique ainsi

---

[61] *Ibidem.*, p.38.

[62] BLAU Peter, *Exchange and Power in Social Life*, New York, Wiley, 1967, pp. 88-115.

[63] MÉDARD Jean-François, « Clientélisme politique et corruption », *art. cit.*, 2000, p. 84.

que des nominations par les partis au sein de la bureaucratie publique ont considérablement élargi les marges de manœuvre disponibles pour perpétrer des escroqueries aux dépens de l'État lourdement affecté[64].

Les relations sociales sous le prisme du clientélisme sont de nature dissymétrique et sont totalement opposées aux principes d'un espace politique et démocratique autonome. Ce sont des relations hiérarchiques qui s'exercent entre les acteurs politiques et institutionnels avec la position qu'occupent les notables. Le système notabiliaire est directement lié au clientélisme politique et se restaure en permanence avec le rôle des élections. L'instauration du suffrage universel en 1848 n'a pas permis à l'administration de se débarrasser des notables qui ont réussi à maintenir pendant longtemps leur domination sociale et politique et à se faire élire et réélire. L'exemple du baron de Mackau est à ce titre parfaitement illustratif du poids du système notabiliaire en France permettant le clientélisme. Élu sans discontinuité de 1866 jusqu'à sa mort en 1918, en tant que député de l'Orne, le baron de Mackau incarne l'image du notable, riche et puissant, usant de pratiques et de dépenses clientélaires auprès des citoyens pour maintenir son pouvoir de représentation politique. Sur la base de la conceptualisation de l'État moderne wébérien, il fait figure de véritable « homme politique moderne » au sens d'Éric Phélippeau[65].

La mobilisation électorale permet d'instaurer de nouvelles relations de clientèle subvertissant lentement mais sûrement l'économie du don et du contre-don évoquée précédemment et ayant pour effet de provoquer une lente érosion des dominations locales[66]. La corruption clientéliste s'exerçait dans la mobilisation électorale sous la forme d'achat des votes qui rapidement

---

[64] DELLA PORTA Donatella, « Les cercles vicieux de la corruption », dans Donatella DELLA PORTA, Yves MÉNY (dir.), *Démocratie et corruption en Europe*, Paris, La Découverte, 1995, p. 51.

[65] Pour davantage d'informations sur le baron de Mackau et ses pratiques clientélistes, voir PHÉLIPPEAU Éric, *L'invention de l'homme politique moderne. Mackau, l'Orne et la République*, Paris, Belin, 2002, 367 p.

[66] GARRIGOU Alain, « Clientélisme et vote sous la IIIe République », dans Jean-Louis BRIQUET, Frédéric SAWICKI, *Le clientélisme politique dans les sociétés contemporaines*, Paris, Presses universitaires de France, 1998, p. 7.

fait l'objet d'une condamnation car elle était plus facile à dénoncer et à sanction. Cet achat de voix constituait une vraie menace pour le principe de la concurrence politique, inhérente au modèle démocratique français, avec le risque de donner des mandats aux politiques les plus offrants, à savoir les plus riches. Mêmes si cette relation ponctuelle pourrait ne pas du clientélisme *stricto sensu*, la corruption lui fut largement assimilée ultérieurement[67].

Toujours présent dans la vie politique française aujourd'hui et notamment au niveau local, le clientélisme politique fait l'objet de nombreux scandales politico-financiers et implique notamment des acteurs très puissants. La ville de Corbeil-Essonne a longtemps été sous l'emprise du riche industriel Serge Dassault, patron du grand groupe portant son nom, qui depuis 1995 occupe le poste de maire. Perçu comme clientéliste et corrompu, le « système Dassault » est considéré comme faisant partie intégrante du système de la ville. Serge Dassault a été mis en examen en avril 2014 pour « achat de votes », « complicité de financement illicite de campagne électorale » et « financement de campagne électorale en dépassement du plafond autorisé ». Le « système Dassault » trouve écho dans de nombreuses villes en France et peut notamment faire écho à la position qu'occupait le couple Balkany à Levallois-Perret qui a, comme Dassault, été au pouvoir pendant un certain nombre d'années. Le cas Dassault peut être considéré comme le syndrome d'une certaine dimension d'impunité du clientélisme politique en droit pénal français ce qui peut s'expliquer du fait que le Code pénal ne codifie pas spécifiquement cette pratique. Le clientélisme politique ne constitue pas un délit proprement caractérisé par le Code pénal mais peut être rapproché du délit de favoritisme prévue à l'article 432-14. Ce manque de caractérisation et de définition du clientélisme politique, vecteur de la corruption, par le Code pénal peut être considérée comme une véritable lacune en droit pénal français qui ne sanctionne pas cette pratique sapant les fondements des institutions politiques et démocratiques française.

---

[67] *Ibidem.*, p. 60.

Analysée comme une pratique d'échange social, le clientélisme est ainsi une pratique parfaitement connexe de la corruption qui s'immisce dans les relations sociales entre les citoyens et acteurs politiques et institutionnels et qui affecte ainsi dangereusement les institutions politiques françaises et le modèle démocratique français. La démocratie française peut être considérée comme malade du clientélisme politique faisant l'objet d'aucune sanction pénale stricto sensu du fait de l'absence de codification de cette pratique renforçant le poids de la corruption des acteurs politiques et institutionnels français.

CHAPITRE 2

La délinquance des élites politiques assortie à leur jugement

La corruption et sa pratique par les acteurs politiques et institutionnels fait partie des atteintes à la probité publique comme le met en évidence le Code pénal qui le caractérise comme un délit à part entière. En tant que délit, les acteurs qui y sont impliqués peuvent être considérés comme des délinquants violant les règles du Code pénal sanctionnant la corruption. De nombreux travaux se sont principalement centrés autour de cette délinquance des élites politiques, au sommet de l'État et de ses institutions. Laurent Mucchielli a fait part de l'ampleur et de l'étendue de la délinquance des élites en rappelant notamment les travaux de Pierre Lascoumes sur ces élites en mettant notamment en avant une large tolérance dans le jugement des affaires[68]. Soulignant le désastre causé par la fraude et l'évasion fiscale sur l'état des finances publiques du pays, le sociologue met en exergue la délinquance des élites politiques et économiques. Mucchielli insiste particulièrement sur la dimension organisée et systémique de la corruption impliquant des corrupteurs et des corrompus plus ou moins actifs en décrivant tous les ressorts et mécanismes de la délinquance de ces élites politiques. Il fait également part de la faiblesse des sanctions à l'égard de ces élites posant problème dans le traitement juri-

---

[68] MUCCHIELLI Laurent, « L'ampleur et l'étendue de la délinquance des élites », dans Philippe BONFILS, Laurent MUCCHIELLI, Adrien ROUX (dir.), *Comprendre et lutter contre la corruption*, *op. cit.*, pp. 33-46.

dique des infractions qu'ils ont commises. Sur la base de cette réflexion introduite par Laurent Mucchielli, il conviendra de décrire l'ensemble des pratiques inscrits dans l'action des responsables publics et politiques ainsi que le profond déficit de sanctions observés vis-à-vis des infractions relevant de la corruption en France.

SECTION 1. UNE PRATIQUE INSCRITE DANS L'ACTION DES RESPONSABLES POLITIQUES

Les différentes infractions relevant de la pratique de la corruption apparaissent profondément inscrites dans l'action d'un grand nombre de responsables publics et politiques occupant parfois de hauts postes au sein des institutions républicaines françaises. Cette inscription de pratique corruptive dans l'action de ces élites politiques et institutionnelles permet de mettre en exergue une dimension systémique de la corruption dont parle Yves Mény. Cette dimension induit une logique particulière que l'on retrouve bien aisément dans la vie des élus politique et qui implique d'acquérir toujours plus de positions, d'avantages et de pouvoir.

§ 1. La dimension systémique de la corruption

La corruption peut s'entendre comme faisant partie d'un système précis, politique, économique ou encore social. Dans de nombreux pays considérés comme démocratiques, la corruption apparaît comme un phénomène endémique, une sorte de méta-système aussi effectif, voire davantage que les appareils officiels sur lesquels il est greffé et dont il s'alimente[69]. En France, cette dimension systématique est à l'œuvre dans la vie politique et institutionnelle avec une marginalisation et une individualisation du phénomène de corruption au point d'en faire une pratique normale systématique et collective[70]. Cette vision

[69] DELLA-PORTA Donatella, MÉNY Yves (dir.), *Démocratie et corruption en Europe*, *op. cit.*, p.12.
[70] *Ibidem.*, p. 21

systémique de la corruption la pousserait à se reproduire sans arrêt, de manière répétée et sans qu'elle soit considérée comme une pratique anormale et condamnable. La corruption serait ainsi partie prenante du système de la vie politique et institutionnelle du pays s'organisant autour de ce phénomène endémique. Jean Cartier-Bresson y voit même une forme d'institutionnalisation et de généralisation de la corruption dans sa position au cœur du système : « Même si les travaux quantifiés ne donnent pas encore de résultats satisfaisants, il est évident que la corruption peut être endémique, c'est-à-dire marginale, épidémique, c'est-à-dire généralisée, systémique ou institutionnalisée, ce qui suppose qu'elle est devenue un rouage de la reproduction du système, ou enfin planifiée, ce qui implique qu'elle est un instrument vital pour la survie du régime politique en tant que moyen de contrôle des divers segments de la population »[71].

Cette expression de corruption institutionnalisée se réfère implicitement à une conception sociologique de l'institution, positive et non normative, qui considère qu'il y a une institution dès lors qu'on observe des pratiques récurrentes, considérées comme normales au sens statistique du terme[72]. L'institutionnalisation de l'État moderne repose sur l'existence de règles formelles, abstraites et générales qui sont indissociables de la conception de l'État de droit notamment liée à la démocratie. L'État démocratique, en tant qu'institution, suppose un pouvoir général et impersonnel qui fait autorité dans la société. En allant à l'encontre de cette conception, la corruption peut être entendue comme une négation de l'État en tant qu'institution propre à la démocratie[73]. L'institutionnalisation du pouvoir et de l'État moderne et du modèle démocratique vont de pair avec le processus de différenciation du domaine public du domaine privé. Si on part du fait que la corruption vient de cette confusion entre le public et le privé, on réalise à

[71] CARTIER-BRESSON Jean, « Corruption, libéralisation et démocratisation », *Tiers Monde*, tome 41, n°161, 2000, p. 16.
[72] MÉDARD Jean-François, « Les paradoxes de la corruption institutionnalisée », *Revue internationale de politique comparée*, vol.13, n°4, 2006, p. 698.
[73] *Ibidem.*, p. 699.

quel point la corruption constitue la négation même de l'État et constitue, *in fine*, la négation de la démocratie[74].

Dans le rapport aux normes qui en découle, une distinction peut être établie entre les normes idéales, qui sont à la fois formelles et culturelles, et les normes pratiques qui s'y opposent avec une connaissance voire une intériorisation des normes idéales par les acteurs politiques et institutionnels, mais qui ne sont pas respectés pour des raisons purement pratiques[75]. Il est important de ne pas ignorer la contrainte double qui pèse sur les acteurs usant des pratiques de corruption. Cette contrainte est à la fois structurelle où les acteurs se battent dans une situation de survie, à leur niveau, notamment face aux logiques de concurrence politique et économique. Cette contrainte est également normative « car une forte pression sociale s'exerce sur les individus pour participer à la corruption systémique qui est la régie au sens fort du terme »[76]. Le processus d'institutionnalisation de la corruption permet de sécuriser le contrat de corruption entre les acteurs qui participent à l'échange mais il faut à tout prix que la corruption reste cachée afin d'éviter une crise de la corruption et une déstabilisation de celle-ci[77]. Pour les acteurs qui pratiquent la corruption, il faut à tout prix éviter le déclenchement de scandales pour que leur image ne soit pas éclaboussée, que l'opinion publique ne s'agite et que des réformes visant à sanctionner ces pratiques et ces acteurs soient entreprises par les pouvoirs publics. Pour s'exercer, la corruption se doit d'être secrète, cachée, et ne pas être découverte et révélée dans l'opinion publique. Comme le confirme Adrien Roux : « La corruption se fait dans le secret et il y a une loi du silence absolu. Des gens qui ont beaucoup de pouvoir, qui ont un fonctionnement très rationnel, n'ont aucun intérêt à ce qu'elle soit diffusée »[78].

---

[74] *Ibid.*, p. 700.

[75] BECQUART-LECLERCQ Jeanne, « Paradoxe de la corruption politique », *Pouvoirs*, n°31, 1984, pp. 19-36.

[76] MÉDARD Jean-François, « Les paradoxes de la corruption institutionnalisée », *art. cit.*, p. 702.

[77] *Ibidem.*, p. 704.

[78] ROUX Adrien, entretien réalisé le 19/03/2020 dans le cadre de la réalisation du mémoire, annexes, p.2.

La dimension systémique du phénomène de corruption dans la République française est particulièrement bien mise en évidence par Yves Mény dans ses travaux sur la corruption. Pour lui, la corruption est bel et bien érigée en système au cœur du régime démocratique français : « Modeste, semble-t-il, au niveau des relations individuelles des échanges fonctionnaire/administré la corruption apparaît en revanche comme une sorte de méta-système à première vue en marge des règles, des procédures et des institutions régulières, mais en réalité véritable parasite greffé sur le système et nourri par lui »[79]. Cette vision induit que la corruption apparaîtrait comme une maladie parasite ravageant certes le système politique et institutionnelle français mais alimenté également par ce même système, ce qui entraîne un cercle vicieux permettant à la corruption se propager sans jamais disparaître. Les dérapages des acteurs politiques et institutionnels, occupant de hautes fonctions au sein de la République, seraient par ailleurs favorisés par l'extrême concentration du pouvoir en France, issue de la tradition jacobine née lors de la Révolution française, la faible visibilité des diverses transactions financières ainsi que le caractère relativement chétif du pluralisme social et politique. Le système politique et institutionnel français serait effectivement fondé sur la méfiance et fonctionnerait véritablement sur la corruption des règles normatives en vigueur, devant être entendue comme leur violation ainsi que leur détournement[80].

Comme l'affirme Yves Mény : « La corruption n'est pas à côté ou en marge du système, elle vit en symbiose avec lui, se nourrit de ses faiblesses, s'infiltre dans ses interstices. C'est pourquoi la répression, la pénalisation, même nécessaires, ne sont que des palliatifs, des remèdes partiels »[81]. Parasitaire sur le système politique et institutionnel français à l'instar du champignon Cordyceps sur certains insectes, la corruption n'est certes pas récente mais son caractère systématique et quasiment institutionnalisé serait en réalité un phénomène neuf aussi bien en France que dans d'autres pays fondés également sur le mo-

---

[79] MÉNY Yves, *La corruption de la République*, Paris, Fayard, 1992, p. 253.
[80] *Ibidem.*, p. 18.
[81] *Ibid.*, p. 23.

dèle démocratique comme l'Italie, l'Espagne ou encore l'Allemagne[82]. L'exemple de l'affaire scandaleuse impliquant la société Urba et le Parti socialiste (PS), à la fin des années 1980, permet d'illustrer cette problématique dimension systémique de la corruption en France et cesse de devenir un phénomène déviant, marginal, individuel pour devenir une pratique normale, systématique et collective[83]. En plus de la dimension systémique, Yves Mény met également en évidence la relation systématique de la corruption au sein des institutions républicaines françaises. Dans le cas de la corruption systématique pratiquée notamment au profit des partis politiques en France, le jeu est beaucoup plus complexe et parvient à intégrer des éléments de contraintes traditionnelle[84]. Yves Mény a identifié tous les ingrédients de cette corruption systématique qui fonctionne en relation triangulaire avec un bénéficiaire ultime, le parti politique, un intermédiaire obligé, l'homme politique, et un organisme dépensier, le complice du parti politique[85].

Il souligne que cette relation est excessivement fréquente en matière d'investissements publics comme privés et relève bien d'une essence proprement systématique. Cette relation triangulaire n'est pas sans rappeler celle mise en évidence par l'article 433-1 du Code pénal portant sur la corruption active. Sur cette base de mise en évidence des ingrédients de la corruption systématique en vigueur dans le système politique et institutionnel français, Yves Mény a également désigné les cinq principaux ingrédients de ce qu'il nomme la corruption « à la française » en considérant les réformes des lois de 1988 et 1990 comme des palliatifs qui effacent les symptômes sans guérir la maladie[86]. Parmi ces ingrédients, il y a : 1) La concentration du pouvoir entre les mains des exécutifs ; 2) Le besoins de fidèles servi-

---

[82] *Ibid.*, p. 253.

[83] MÉNY YVES, « France : la fin de l'éthique républicaine ? », dans Donatella DELLA PORTA, Yves MÉNY (dir.), *Démocratie et corruption en Europe*, *op. cit.*, p. 21.

[84] MÉNY Yves, *La corruption de la République*, *op. cit.*, p. 257.

[85] *Ibidem.*, p.257.

[86] MÉNY YVES, « France : la fin de l'éthique républicaine ? », dans Donatella DELLA PORTA, Yves MÉNY (dir.), *Démocratie et corruption en Europe*, *op. cit.*, p. 23.

teurs, recrutés sur contrat ou détachés de la fonction publique en fonction de leur sympathie et dévouement ; 3) La transformation du processus décisionnel avec le passage de la décision unilatérale à la négociation généralisée ; 4) La faiblesse des contrôles ou de leur caractère inadéquat ; 4) La transformation des valeurs dans la société.

Ces ingrédients permettent de mieux caractériser toute l'essence du phénomène de corruption parasite et inextricable du système politique et institutionnel français, qui impactent dangereusement ses institutions au point de s'institutionnaliser lui-même et d'agir de manière systématique et répétée au sein de la République française.

§ 2. Une logique de « toujours plus » à l'œuvre dans la vie des élus

Sur la base de la thèse défendue par François de Closets dans son ouvrage *Toujours plus !* publié au cours des années 1980, à l'issue d'une enquête menée sur les Français, il convient de relever que les acteurs politiques et institutionnels du pays cherchent sans arrêt à conforter leurs positions et obtenir toujours plus de droits, d'avantages et de garanties à l'instar des Français qui bénéficient des plus hauts revenus, de la sécurité de l'emploi, des rentes de situation, des privilèges fiscaux, des positions de monopole, de protections renforcées ou encore des promotions assurées et qui se distinguent des Français défavorisés en réclamant plus d'argent[87].

Les acteurs politiques et institutionnels français ont un but constant d'enrichissement de recherche d'avantages toujours plus importants dans la sphère qu'ils occupent. Pour ce faire, ils n'hésitent pas à transgresser les règles de la légalité et à user et abuser des pratiques relevant de la corruption. Du petit favoritisme à l'enrichissement abusif, du financement politique illégal aux pratiques de trafic d'influence en passant par la pratique du pantouflage, la logique de « toujours plus » fait partie prenante des agissements de ces acteurs occupant de hauts postes de la fonction publique et qui cherchent particulièrement à satisfaire

---

[87] Voir DE CLOSETS François, *Toujours plus !*, Paris, Grasset, 1984, 348 p.

leurs intérêts privés. Comme le reconnaît Pierre Lascoumes, « les intérêts privés ne cessent de déséquilibrer l'intérêt public »[88]. Depuis ces dernières décennies, les intérêts privés ont de plus en plus tendance à prévaloir sur l'intérêt général ou le bien commun, notions démocratiques fondamentales, mises en évidence par les philosophes des Lumières au XVIIIème siècle et concrétisées au cours du XXème notamment par l'élaboration de la Constitution de la Vème République en 1958. Les intérêts privés des acteurs politiques et institutionnels sont toujours prégnants et influent de manière relativement importante dans la mise en œuvre de pratiques de corruption. La recherche d'un « bien commun » ne coïncide malheureusement pas toujours avec l'exigence pragmatique et fondamentale de satisfaction des intérêts individuels et collectifs, des personnes et des groupes sectoriels (partis, entreprises, etc..). La première option est toujours valorisée pour son altruisme et le désintéressement qu'elle suppose. Néanmoins, les conflits qui la confrontent sans arrêt à la pression des intérêts particuliers sont bien souvent minimisés et occultés dans leur traitement[89].

La prévalence des intérêts privés sur l'intérêt général public et le bien commun fait oublier la dimension démocratique de la République à tous les acteurs politiques et institutionnels du pays qui sont prêts à adopter une attitude opérationnelle et stratégique impliquant le champ de la corruption, le tout en se cachant derrière la dimension symbolique de leurs fonctions. Jeanne Becquart-Leclercq oppose la « dimension symbolique du politique » à sa dimension « opérationnelle ou stratégique » en y révélant ainsi un paradoxe affligeant dans le jeu politique français. La première dimension est littéralement centrale dans la multitude de discours publics et concrétise « l'État comme spectacle, une sorte de sublimation culturelle ». La seconde dimension, par contre, oriente les pratiques des acteurs, impose des compromis permanents entre eux et « se traduit par une forte ambivalence » des différents comportements politiques[90].

---

[88] LASCOUMES Pierre, *Une démocratie corruptible. Arrangements, favoritisme et conflits d'intérêts*, Paris, Seuil, 2011, p. 71.

[89] *Ibidem.*, p. 72.

[90] BECQUART-LECLERCQ Jeanne, « Parodoxes of Political Corruption : A French View », in Arnold HEIDENHEIMER, Mickael JOHNSTON, Victor T.

Il y a ainsi une certaine optique de mascarade de la part des élus et autres haut agents publics cherchant à satisfaire leurs intérêts privés et à gagner davantage que ce qu'ils ont, tout en affichant un visage public propre à la défense de l'intérêt général, du bien commun et ainsi de la démocratie.

Le poids de l'argent est également une variable déterminante dans la conduite des manœuvres frauduleuses de acteurs politiques et institutionnels. Si les relations entre l'argent et le politique ont toujours été problématique avec des rapports qui sont le plus souvent présentés comme antagonistes[91], elles conditionnent le développement des pratiques de corruption. Comme le reconnaissait Georg Simmel : « Rien ne facilite et ne développe davantage les comportements corruptibles et la réalité de la corruption dans son ensemble que la forme argent de celle-ci. Foncièrement, l'argent favorise comme nulle autre valeur les changements de propriétés occultes, hors de vue et sans bruit »[92]. L'argent entre littéralement dans la logique de « toujours plus » des acteurs publics qui cherchent à cumuler des fonctions politiques et institutionnelles et ainsi cumuler plusieurs rétributions financières se racolant à ces fonctions. S'opère ainsi en France une forme de course au pouvoir et à l'argent qui la caractérise et qui met en jeu de nombreux acteurs politiques et institutionnels toujours attirés par l'idée d'en obtenir toujours plus. Ce cumul de rétributions financières renforce l'ensemble des jugements négatifs des citoyens sur l'activité politique et participent à nourrir leurs sentiments de manque de confiance envers leurs élus et ainsi éroder le modèle démocratique propre à la France. Ce rapport de l'argent au politique induit ainsi, par ailleurs, la dimension économique avec le rôle de nombreux acteurs privés participant à la course des politiques pour le pouvoir et l'argent. En France, le financement de la politique par les milieux d'affaires a d'ailleurs suscité de nombreux scandales à l'instar de l'affaire impliquant

---

LEVINE (dir.), *Political Corruption: A Handbook*, New Brunswick, Transaction Publisher, 1970, pp. 191-210.

[91] LASCOUMES Pierre, LE HAY Viviane, « Rapport à l'argent et conception de la corruption politique », *L'Année sociologique*, vol. 63, 2013, pp. 225-226.

[92] SIMMEL Georg, *Philosophie de l'argent*, Paris, Presses universitaires de France, 1987 [1900], p. 485.

l'entreprise d'exploitation, de raffinage et de distribution pétrolière Elf-Aquitaine aussi connue sous le nom de l'« affaire Elf », démarrant au cœur des années 1990, et considérée comme « Le plus grand scandale politico-financier de la Vème République » par les nombreux avocats, magistrats, experts financiers et les journalistes qui ont étudié le dossier.

L'irrigation des campagnes électorales et des partis par l'argent des entreprises est une question qui continue de faire fantasmer les médias étant donné que cette ressource est longtemps restée officieuse et inavouable[93]. Les financements privés des entreprises et des organisations patronales, que cela soit sous forme de dons librement consentis ou en l'espèce de fonds extorqués, constituent un vrai sujet tabou[94]. L'imbrication de la sphère économique à la sphère politique et institutionnelle par l'intermédiaire de l'argent pose la question de la limitation des financements pour les partis et organisations politiques. L'idée de réfléchir à la place de l'argent en politique pose ainsi la question des frontières de la politique et de ses liens avec les milieux économiques[95]. Jusqu'en 1988, aucune loi fixant des règles de financement des partis, et de financement public, n'a été mise en œuvre. La loi relative à la transparence financière de la vie politique (n°88-227), du 11 mars 1988, instaure une aide d'État, dépendante du nombre de parlementaires de chaque formation au Sénat et à l'Assemblée nationale, et vient limiter le plafond des dépenses électorales tout comme celle du 15 janvier 1990, du 19 janvier 1995 ainsi que les lois pour la confiance dans la vie politique du 15 septembre 2017. Ces lois sont venues limiter le poids considérable de l'argent dans les pratiques des acteurs politiques et institutionnelles fondées sur la logique de « toujours plus » tout comme les lois venant limiter et interdire le cumul des mandats.

La « culture du cumul » est relativement ancienne au sein de l'Hexagone et s'est renforcée tout au long de la Vème République. En 2012, 476 députés sur 577 (82%) et 267 sénateurs

---

[93] PHÉLIPPEAU Éric, *L'argent de la politique*, Paris, Presses de Sciences Po, 2018, p. 132.
[94] *Ibidem.*, p. 134.
[95] *Ibid.*, p. 132.

sur 348 (77%) étaient en situation de cumul. À l'époque, ces chiffres ont fait de la France une exception en Europe, continent où le cumul des mandats électoraux est interdit ou très limité. Les lois adoptées en 2014 marquent une rupture brutale avec cette culture inhérente à la vie politique et institutionnelle et cherchent à mettre fin à cette « spécificité française »[96]. Les deux lois promulguées le 14 février 2014, celle organique (n° 2014-125) interdisant le cumul de fonctions exécutives locales avec le mandat de député ou de sénateur, ainsi que celle ordinaire (n°2014-126) interdisant le cumul de fonctions exécutives locales avec le mandat de représentant au Parlement européen, sont venues fortement limiter cette pratique du cumul de mandats.

En cas de situation de cumul, le parlementaire intéressé a l'obligation de démissionner sous trente jours du mandat ou de la fonction qu'il détenait avant comme en dispose la loi organique : « Le député qui se trouve dans un des cas d'incompatibilité mentionnés à l'article LO 141-1 est tenu de faire cesser cette incompatibilité en démissionnant du mandat ou de la fonction qu'il détenait antérieurement, au plus tard le trentième jour qui suit la date de la proclamation des résultats de l'élection qui l'a mis en situation d'incompatibilité ou, en cas de contestation, la date à laquelle le jugement confirmant cette élection est devenu définitif. En cas d'élections acquises le même jour, le député est tenu, dans les mêmes conditions, de faire cesser l'incompatibilité en démissionnant du mandat ou de la fonction acquis dans la circonscription comptant le moins grand nombre d'habitants »[97]. À défaut, le mandat ou la fonction le ou la plus ancien ou ancienne cesse d'office. Ces dispositions législatives d'incompatibilité de mandats issues de ces lois de 2014 s'appliquent aux députés nationaux depuis juin

---

[96] Vie-publique.fr, « Le cumul des mandats, une pratique de plus en plus restreinte », accessible sur : https://www.vie-publique.fr/eclairage/19374-le-cumul-des-mandats-electoraux-une-pratique-de-plus-en-plus-restreinte

[97] Loi organique n°2014-125 du 14 février 2014 interdisant le cumul de fonctions exécutives locales avec le mandat de député ou de sénateur, article 6, II, accessible sur Legifrance.gouv.fr : https://www.legifrance.gouv.fr/affichTexte.do?cidTexte=JORFTEXT000028600521&dateTexte=&categorieLien=id

2017, aux sénateurs depuis octobre 2017 ainsi qu'aux députés européens depuis les élections de mai 2019. À la suite de la promulgation de ces lois, une réflexion s'est amorcée sur la question de la limitation des mandats dans le temps. Cette question est notamment abordée par le groupe de travail « Bartolone-Winock » sur l'avenir des institutions faisant une proposition sur le non cumul de mandats chronologiques, inspirée notamment de la réforme constitutionnelle de 2008 qui a limité à deux le nombre de mandats consécutifs du président de la République. L'idée générale de cette proposition consistait à interdire aux parlementaires ainsi qu'aux responsables locaux l'exercice d'un quatrième mandat successif dans l'objectif de favoriser le renouvellement des représentants politiques. Comme le mentionne le rapport du groupe de travail : « Les membres du groupe de travail ont estimé dans leur majorité que l'interdiction du cumul des mandats dans le temps – s'entendant comme la possibilité d'exercer plusieurs fois successivement le même mandat – pourrait favoriser l'accès de jeunes élus aux responsabilités politiques, mais également l'émergence de nouveaux profils »[98].

La logique de « toujours plus » qui prévaut dans les actions et pratiques de corruption des acteurs politiques et institutionnels de France apparaît ainsi de plus en plus limitée par les dispositions législatives visant à mieux encadrer ces acteurs jouant un rôle primordial dans le fonctionnement démocratique de la République. Néanmoins, malgré ces dispositions cherchant à encadrer ces pratiques de corruption, un profond déficit de sanctions est observé vis-à-vis des élus et autres acteurs politiques et institutionnels notamment par les citoyens manifestant de plus en plus un important sentiment de manque de confiance envers leurs représentants.

[98] Assemblée nationale, XIVème législature, groupe de travail sur l'avenir des institutions, « Refaire la démocratie », rapport n°3100 de M. Claude Bartolone et de M. Michel Winock, 2 octobre 2015, p.51.

Section 2. Un déficit de sanctions observé vis-à-vis de la corruption

La prolifération du phénomène de corruption des acteurs politiques et institutionnels en France, parasitant la représentation ainsi que le modèle démocratique français, est lié à un important déficit de sanctions observés par les citoyens manquant de plus en plus confiance envers ceux qui les représentent. Malgré la recrudescence des dispositions législatives visant à encadrer et limiter les pratiques de corruption avec une pénalisation croissante, ces lois font preuve d'une relative impuissance toujours plus favorable au développement de la corruption. Cette impuissance est corrélée au sentiment d'impunité des élites politiques incriminées pour pratiques de corruption, sentiment que développent de trop nombreux citoyens aujourd'hui, moins enclins à accorder leurs confiances envers ces élites politiques et institutionnelles.

§ 1. Une « impuissance des lois » favorable à la corruption

Adrien Roux insiste sur la relative impuissance des lois anti-corruption participant à adoucir la répression pénale selon les mœurs qui se pacifient avec une forme de criminalité[99]. Si une dimension de pénalisation se fait croissante en France à propos du traitement des infractions de corruption avec les lois imposées, il existe une manifeste « impuissance des lois » pour reprendre l'expression du doyen Carbonnier soulignant l'effectivité et l'ineffectivité de la règle de droit dans son application[100]. Cette impuissance caractéristique des lois ne parvient pas à enrayer en profondeur la criminalité fondée sur la corruption qui ne cesse de s'étendre et de parasiter les institutions républicaines françaises. Comme l'affirme Pierre Lascoumes,

---

[99] ROUX Adrien « Mesurer les écarts entre le droit, les représentations et le fait : la corruption comme défi au droit », dans Philippe BONFILS, Laurent MUCCHIELLI, Adrien ROUX (dir.), *Comprendre et lutter contre la corruption*, *op. cit.*, pp. 59-68.

[100] CARBONNIER Jean, « Effectivité et ineffectivité de la règle de droit », *L'Année sociologique*, vol. 7, 1958, pp. 3-17.

dans une interview livrée à Xerfi Canal, il y a, selon les statistiques, sur 400 000 affaires pénales jugées par an en France, près de 24 000 condamnations pour des motifs économiques et financiers qui varient entre 6 et 10% au niveau de l'ensemble des condamnations[101]. Adrien Roux rappelle à juste titre les mots du professeur Frédéric Stasiak affirmant que le « délit de corruption s'inscrit dans un cadre formel qui paraît refléter un certain malaise du législateur » et parlant également de « jurisprudence condamnable mais pratiquement acceptable »[102]. Les lois et dispositions législatives du Code pénal anticorruption existent dans le paysage juridique français mais souffrent d'une grande difficulté d'application à des cas concrets avec des acteurs politiques et institutionnels échappant au champ de la condamnation pénale formelle.

Le jugement rendu par le tribunal correctionnel de Paris lors de l'affaire « Pétrole contre nourriture », le 8 juillet 2013, illustre bien ce problème de condamnation pénale et l'impuissance des lois anticorruption. Le tribunal correctionnel choisit de prononcer un non-lieu général sur cette affaire politico-financière dans laquelle dix-huit personnes, dont l'ancien ministre de l'Intérieur Charles Pasqua ainsi que d'anciens diplomates, étaient impliquées. Ces personnes étaient suspectées d'avoir détourné, au cours des années 1990, le programme des « Pétrole contre nourriture » des Nations Unies, le tout en bénéficiant d'allocations de barils de pétrole venant de la part du président irakien Saddam Hussein en échange de pressions délivrées dans le but d'obtenir la levée des sanctions imposées à l'Irak par les Nations Unies. En plus de ces dix-huit personnalités, le groupe pétrolifère Total était également soupçonné d'avoir détourné l'embargo frappant l'Irak. À la suite de cette décision du tribunal correctionnel de Paris, le parquet de Paris a décidé de faire appel de cette décision, le 18 juillet de la même

---

101 LASCOUMES Pierre, « Délinquance et corruption des élites », interview menée par Thibault Lieurarde, Xerfi Canal, 22/05/2019, accessible sur Xerficanal.com :
https://www.xerficanal.com/strategie-management/emission/Delinquance-et-corruption-des-elites_3747121.html

102 STASIAK Frédéric, *Droit pénal des affaires*, LGDJ, 2ème édition, 2009, 548 p.

année. Le non-lieu décidé par le tribunal correctionnel de Paris ainsi que la relaxe de toutes ces personnes impliquées pour corruption révèle la difficulté voire l'impossibilité d'appliquer les dispositions et lois anticorruption impliquant des sanctions pénales *stricto sensu* aux personnes et acteurs publics mis en cause par une infraction relevant de la corruption.

La décision de non-lieu prise par le tribunal correctionnel de Paris concernant l'affaire « Pétrole contre nourriture » n'est pas sans rappeler celle retenue par le parquet de Paris, le 20 septembre 2011, à l'encontre de l'ancien Président de la République Jacques Chirac et de neuf autres prévenus dans le cadre du jugement de l'affaire impliquant des emplois fictifs dans la ville de Paris, ainsi que dans le volet de Nanterre, le tout sous le prisme de la corruption. Cette décision vient après la réquisition d'un non-lieu général par le ministère public, entre septembre 2009 et octobre 2010, à l'issue de l'instruction des deux volets de l'affaire. Au cours du procès de Jacques Chirac, les deux vice-procureurs présents ont démontré que les emplois fictifs litigieux avaient réellement une utilité pour la municipalité ou que Jacques Chirac n'avait pas vraiment connaissance de leur caractère fictif. L'association anticorruption Anticor, représentant la seule partie civile présente au procès a vu dans ce réquisitoire la preuve d'une véritable incongruité du statut du ministère public, censé parler au nom de la société et défendre le bien commun, mais lié par son statut au pouvoir exécutif, dont il reçoit des ordres. À l'issue du procès, l'avocat de l'association, Me Jérôme Karsenti, aurait déclaré que : « C'est totalement caricatural, à la limite du ridicule » et que cela démontrait, une fois de plus « la maladie de la justice française, on voit bien l'asservissement au pouvoir politique »[103]. L'impuissance relative des lois anticorruption induit ainsi une faiblesse de la justice anticorruption en France qui ne va pas dans le sens de la répression du phénomène qui continue à proliférer avec des acteurs cherchant à exploiter toutes les failles du

---

[103] D. A-Ch, « Procès Chirac : le parquet demande la relaxe », Le Journal du Dimanche, 20/09/2011, accessible sur Lejdd.fr : https://www.lejdd.fr/Societe/Justice/Proces-Chirac-le-parquet-demande-la-relaxe-generale-392503-3228887

système judiciaire français et échappant aux condamnations pénales.

Le travail du juge, dans l'application stricte des lois anticorruption, se trouve en difficulté lorsqu'il s'agit de sanctionner les personnes mises en cause pour des pratiques relevant de la corruption. De cette dimension découle une forme d'impuissance pénale comme a pu le relever Frédéric Monier sur la IIIème République[104]. Au cours de la IIIème République, émaillée de nombreuses affaires et scandales politico-financiers à l'instar de l'affaire « des décorations » ou de l'affaire Stavisky, seuls trois hommes ont été condamnés au pénal. Cette incapacité judiciaire à condamner systématiquement toutes les personnes, acteurs politiques ou institutionnels, ayant été incriminées pour pratiques relevant de la corruption, démontre une relative impuissance face à la corruption. En plus de cette impuissance judiciaire, les dimensions qui s'y rattachent induisent une forme de justice instrumentalisée par le Gouvernement républicain avec une indulgence trouvant ses liens dans les relations de pouvoirs entre l'autorité judiciaire et l'autorité exécutive et législative.

Durant cette période, les relations de pouvoir, institutionnelles et officielles, entre le personnel parlementaire et la magistrature judiciaire sont excessivement importantes même s'il convient de relever une certaine supériorité du pouvoir exécutif et législatif sur le pouvoir judiciaire avec une justice soumise à ces relations de pouvoir. Il y a ainsi une forme de justice politique qui se dégage de ces relations et qui s'exerce dans le traitement judiciaire lacunaire du phénomène de corruption. À ce titre, l'affaire « des décorations » impliquant le député Wilson, gendre du Président de la République Jules Grévy, est parfaitement illustrative de ce type de justice avec une influence considérable des acteurs politiques et institutionnels. La justice pénale, commandée par les principes de légalité et d'interprétation stricte de la loi, ne pouvait, ainsi, s'appuyer sur

[104] MONIER Frédéric, « Réprimer la corruption : conflits politiques et réponses pénales dans la France de la IIIème République », dans Philippe BONFILS, Laurent MUCCHIELLI, Adrien ROUX (dir.), *Comprendre et lutter contre la corruption*, *op. cit.*, pp. 19-29.

le crime de corruption pour espérer sanctionner Wilson mis en cause pour corruption. Sans doute, l'attitude des magistrats dans ce scandale pouvait répondre à certaines exigences de l'État de droit. Cependant, elle n'en laisse pas moins les juristes dans une position particulièrement inconfortable : en serrant au plus près les textes normatifs, les juristes ont, par un curieux renversement, paru prendre des décisions véritablement commandées par des considérations d'opportunité politique[105].

La justice a toujours les mêmes caractéristiques aujourd'hui même s'il convient de souligner une plus grande vigilance de la part des magistrats. L'impuissance de la justice et des lois vis-à-vis du phénomène de corruption se caractérise également par d'autres caractéristiques comme celui d'un problème chronique de culture (ou d'éthique) des élites avec une insensibilité latente à la notion de conflit d'intérêt, littéralement aggravée par la culture du cumul des mandats et des fonctions. Cette impuissance vient également d'une relative inefficacité du foisonnement législatif et règlementaire semblant même ainsi créer un effet pervers avec une règlementation trop pointilliste risquant de paralyser l'action de sorte qu'on s'habitue à la contourner ce qui émousse sa vertu préventive. Avec ces dimensions, on fabrique du droit avec d'autant plus d'entrain qu'on escompte une mise en œuvre excessivement timide. Cet excès de la production normative provoque une véritable désinvolture envers les normes[106]. Enfin, un dernier aspect doit être pris en compte dans cette impuissance de la justice et des lois face à la corruption, c'est le fait que les procédures administratives habituelles perdent de leur efficacité dans une société demandant moins de gestion mais plus d'arbitrage et que l'on ne dispose pas encore,

---

[105]LASCOUMES Pierre, AUDREN Frédéric, « La justice, le gendre et le scandale des décorations : aux origines du trafic d'influence », dans Bruno DUMONS, Gilles POLLET (dir.), *La fabrique de l'honneur et les décorations en France, XIX-XXe siècles*, Rennes, Presses universitaires de Rennes, 2009, p.139.

[106] ROBERT Philippe, « Débat : la justice face à la corruption. La justice française et les affaires de corruption », *Déviance et société*, vol. 20, n°3, 1996, p. 241.

ou pas suffisamment d'outils adaptés à la régulation de la nouvelle donne[107].

Le travail et l'action du juge a également montré sa fragilité et ses limites en raison de son lien direct avec le pouvoir exécutif. Pour agir, il faut tout d'abord que le juge soit saisi et la mise en œuvre de l'action publique dépend entièrement du parquet, et ainsi de l'exécutif auquel il se rattache. L'exercice des poursuites sur ce domaine précis soulève alors de manière durable le souci des rapports du juge à l'exécutif plus ou le moins ambigu. Étant à la fois membre de l'ordre judiciaire et agent administratif, il peut intervenir pratiquement à tout moment d'une procédure judiciaire avec des pouvoirs considérables. Par ce ministère public, le pouvoir exécutif peut clairement s'immiscer continuellement dans le processus judiciaire. Cette possibilité est d'ailleurs fatale car derrière se dessine en filigrane la relation de la justice au monde politique et, plus largement, aux élites dirigeantes puisque ce sont elles qui sont en cause dans ces affaires[108].

Ces faiblesses de la justice en matière de lutte anticorruption ont poussé les magistrats, réunis autour de Denis Robert, à effectuer une demande généralisée de davantage de moyens et la création d'un espace judiciaire européen pour favoriser cette lutte lors de l'appel de Genève, le 1er octobre 1996. Cet événement constitue, par ailleurs, le moment symbolique où les juges ont pris la parole pour dire qu'ils n'avaient pas les moyens de lutte anticorruption nécessaires pour combattre ce phénomène dramatique[109]. Cette impuissance des lois anticorruption dans leur application par une justice relativement inefficace provoque une impunité généralisée des élites politiques et institutionnelles incriminées pour corruption. Cette impunité alimente un profond sentiment de manque de confiance envers les élites émanant des citoyens.

---

107 *Ibidem.*, p. 242.

108 *Ibid.*, p. 244.

109 ROUX Adrien, entretien réalisé le 19/03/2020 dans le cadre de la réalisation du mémoire, annexes, p.1.

§ 2. L'impunité des élites politiques incriminées pour corruption

En lien avec l'impuissance des lois anticorruption, la perception réductrice du législateur a rendu le droit de la corruption comme étant un « droit malade » du fait de son impunité, de ses contradictions et de ses non-dits maladroits qui en découlent avec une approche systémique niée par le législateur[110]. La dimension d'impunité des élites politiques incriminées pour faits et pratiques de corruption est clairement mise en avant par la faiblesse des lois et dispositifs anticorruption développés en France et qui manquent certainement de sévérité et d'efficacité dans l'application comme exposé précédemment. Du fait de leur caractère imparfait et de leur application lacunaire par le juge lors du traitement judiciaire d'affaires relevant de la corruption, ces lois et dispositifs anticorruption participeraient ainsi, malgré elles, à favoriser le phénomène de corruption dont le législateur éprouve des difficultés à mesurer les effets. Elles participeraient également ainsi à entretenir l'impunité des acteurs politiques et institutionnels mis en cause pour des infractions relevant de corruption mais peu sanctionnés ou alors non condamnés.

L'ancien Président de la République Jacques Chirac a bénéficié d'un non-lieu à l'issue de son procès en 2011 tout comme Nicolas Sarkozy en 2013 pour l'affaire impliquant la défunte riche héritière du groupe industriel de cosmétiques L'Oréal, Liliane Bettencourt. Cette affaire en a d'ailleurs entraînée une autre dite « affaires des écoutes » où l'ancien Président de la République est soupçonné d'avoir tenté d'obtenir, au début de l'année 2014, par l'entremise secrète de son avocat Thierry Herzog, des informations secrètes auprès de Gilbert Azibert, alors haut magistrat, dans une procédure concernant la saisie de ses agendas en marge de l'affaire Bettencourt et ce, en échange d'une aide pour l'obtention d'un poste dans la principauté de Monaco. Sur cette affaire, le tribunal correctionnel de Paris a

---

[110] SEGONDS Marc, « Les failles dans la lutte contre la corruption … ou le droit processuel de la corruption à rebours de l'analyse systémique de la corruption », dans Philippe BONFILS, Laurent MUCCHIELLI, Adrien ROUX (dir.), *Comprendre et lutter contre la corruption*, *op. cit.*, pp. 71-82.

décidé, le 8 janvier, d'envoyer Nicolas Sarkozy en procès, du 5 au 22 octobre 2020, où il sera jugé pour corruption. La question sera de savoir si ce procès se soldera, une nouvelle fois, par un non-lieu pour l'ancien Président de la République également mis en cause pour de multiples affaires et scandales impliquant, de près ou de loin, le prisme de la corruption comme l'affaire autour de l'agence de communication Bygmalion ou celle du financement libyen de sa campagne présidentielle de 2012.

L'impunité des élites politiques et institutionnelles, incriminées pour des faits et pratiques de corruption, est, tout comme la corruption, un phénomène institutionnalisé et systémique qui la fait perdurer dans le modèle démocratique français à l'instar d'une maladie dont on ne se défait pas. Cette impunité institutionnalisée et systémique est en grande partie liée à l'incorporation d'une culture ou d'une sous-culture sectorielle à base professionnelle par les acteurs politiques et institutionnels. Comme le reconnaît Jean-François Médard : « L'impunité est véritablement institutionnalisée comme la corruption elle-même grâce au recours aux réseaux sociaux, familiaux, ethniques ou politiques. Les expressions de culture ou de sous-cultures de la corruption expriment bien la dimension normative de la corruption institutionnalisée. De même, la corruption se transmet, elle s'apprend par une véritable socialisation »[111]. Faisant partie prenante du système politique et institutionnel français, le phénomène corruption n'a pas à trop souffrir d'une répression stricte et sévère même si le législateur a pris progressivement conscience du problème depuis la fin des années 1980 et a adopté des lois et mesures visant à le combattre et à le limiter. Pour préserver l'impunité des élites politiques mises en cause pour corruption, il faut, à tout prix, éviter le déclenchement des scandales impliquant la sphère médiatique et révélant les pratiques de corruption. Néanmoins, l'expérience pratique montre que cette préservation est difficilement évitable ne serait-ce qu'à force de vivre dans l'impunité grâce à l'efficacité des

[111] MÉDARD Jean-François, « Les paradoxes de la corruption institutionnalisée », *art. cit.*, p. 703.

mécanismes d'institutionnalisation, les acteurs finissent par perdre le sens des réalités et deviennent imprudents[112].

La dénonciation démontre les failles de l'institutionnalisation de la corruption et remet en cause l'impunité des acteurs politiques et institutionnels impliqués dans une entreprise de corruption. Dès qu'un de ces acteurs trahit le groupe, la justice risque de se mettre en marche, ce qui va déclencher plusieurs réactions en chaîne dont tout le monde pâtira. C'est d'ailleurs exactement c'est ce qui s'est passé en France au début des années 1990 avec l'affaire Elf qui a permis de bien illustrer ce qui risque de se passer lorsque la corruption est trop institutionnalisée au point de devenir anomique. La corruption, qui était parfaitement régulée sous les gaullistes lorsqu'ils étaient au pouvoir, s'est trouvée littéralement dérégulée sous le mandat présidentiel de François Mitterrand et la direction d'Elf de Loïk Le Floch-Prigent. À force de manier des sommes astronomiques considérables, les acteurs impliqués dans cette affaire ont fini par perdre le sens de la mesure comme peut le montrer l'étendue et la nature des dépenses de Le Floch-Prigent ainsi que de ses co-accusés. Le seul qui ait réussi à garder la tête froide, dans un certain sens, est le numéro deux d'Elf Aquitaine, Alfred Sirven qui, bien qu'il ait fini par mettre en cause ses complices, a mis le temps nécessaire et ne s'est pas trop étendu sur le versant politique du scandale. Il est vrai que le juge s'est bien gardé de se montrer trop curieux. Le passage d'Elf à Total-Elf-Fina n'a pas signifié la fin de la corruption, mais la reprise en main de la corruption et de sa « civilisation »[113]. L'impunité des acteurs impliqués dans une affaire ou une entreprise de corruption ne demeure pas ainsi éternellement et finit par être révélée au grand jour à l'issue de scandales médiatiques qui font tomber les masques et présentent à l'opinion publique toute la vérité sur ces affaires politico-financières.

Les informations reçues au travers des médias, sur les différentes affaires et scandales de corruption, participent à orienter la perception des citoyens sur leurs représentants politiques et institutionnels, chargés de défendre au mieux tous leurs intérêts

---

[112] *Ibidem.*, p. 704.
[113] *Ibid.*, p. 704.

et d'assurer leur bien commun. L'importance de la médiatisation de quelques affaires récentes en France avec de grands procès à l'instar du renvoi en correctionnelle de l'ancien maire de la ville de Paris et ancien Président de la République, Jacques Chirac, montrent que les atteintes à la probité publique sont devenues un problème public incontournable et que les citoyens entendent plus que jamais juger la politique et ceux qui l'exercent. Toutes ces réactions hostiles aux abus de fonction correspondent à une vision idéale d'un citoyen informé et critique, qui identifierait les abus de fonction et les fraudes et qui contribuerait également à évaluer leurs coûts collectifs en sanctionnant électoralement les élus mis en cause[114].

Le sentiment d'impunité des acteurs politiques et institutionnels joue sur les représentations qu'en font les citoyens qui peuvent les assimiler de fait à des élites corrompues se jouant de l'intérêt général et ne pensant qu'à satisfaire leurs intérêts privés. Néanmoins, la relation entre les élites politiques et institutionnelles et les citoyens est beaucoup plus complexe. Les rapports entre ces élites et les citoyens peuvent se jouer sur plusieurs plans avec en premier lieu, celui des interactions directes notamment en termes d'échange interpersonnel entre l'électeur et l'élu. Dans ce dernier sens, ce que l'on nomme l'« *accountability* » (responsabilité) ne serait pas seulement en lien avec la capacité des élus à offrir des biens collectifs comme des emplois, mais également des biens sélectifs (individuels ou de groupe) et qui sont soumis à un accès relativement discrétionnaire aux ressources publiques. En deuxième lieu, il convient également de prendre en compte la portée de la visibilité des élus qui implique d'intégrer tous les effets symboliques du travail, plus ou moins intenses et contradictoires, d'impositions de certains jugements sur les acteurs politiques[115].

---

114 CHICHE Jean, LE HAY Viviane, CHANVRIL Flora, LASCOUMES Pierre, « Chapitre 1 : Du favoritisme à la corruption. Les définitions concurrentes de la probité publique », dans Pierre LASCOUMES (dir.), *Favoritisme et corruption à la française. Petits arrangements avec la probité*, Paris, Presses de Sciences Po, 2010, pp. 74-75.

115 MAZZOLENI Oscar, LASCOUMES Pierre, « Chapitre 4 : Fonction politique et atteintes à la probité publique dans le jugement des citoyens

C'est précisément dans cette optique multidimensionnelle précise qu'il faut prendre en compte les diverses perceptions des citoyens sur l'impunité des élites politiques et institutionnelles incriminées pour corruption et révélée lors des affaires et scandales médiatiques. Ces perceptions sont de nature ordinaire et peuvent participer à cristalliser des mobilisations « anti-politiques » ou « anti-élites » notamment mises en avant et promues par certains mouvements et partis dits populistes. Ces mobilisations tentent d'imposer le binôme « élites politique = élites corrompues » de manière d'autant plus systématique que leurs porte-parole sont cantonnés dans des rôles d'opposants et en dehors de toutes les contraintes de la participation directe à une coalition gouvernementale ou une toute autre alliance politique[116]. Le sentiment d'impunité des élites mises en causes pour corruption participe à nourrir ces mobilisations avec une focalisation particulière sur certains évènements des dernières années comme on peut le constater quand on recense les références mobilisées pour justifier les condamnations. Ainsi la dénonciation de la malhonnêteté des hommes politiques ou de « l'impunité » dont ils bénéficieraient prend appui sur l'implication de personnages de premier plan dans diverses affaires ce qui mesure des effets de ces scandales amplement médiatisés qui heurtent les attentes normatives d'un grand nombre de personnes[117].

Ainsi, les perceptions sociales des citoyens sur leurs élites politiques et institutionnels, qui les représentent, peuvent certes être fortement impactées par la dimension d'impunité de ces élites, usant et abusant de pratiques de corruption découlant d'une impuissance relative des lois et autres dispositions législatives, mais sont également excessivement complexes et ambigües à saisir et qui nécessite une analyse précise et rigoureuse

---

ordinaires », dans Pierre LASCOUMES (dir.), *Favoritisme et corruption à la française*, *op.cit.*, p. 144.

[116] *Ibidem.*, p. 145.

[117] GAXIE Daniel, « Les critiques profanes de la politique. Enchantements, désenchantements, réenchantements », dans Jean-Louis BRIQUET, Philippe GARRAUD (dir.), *Juger la politique. Entreprises et entrepreneurs critiques de la politique*, Rennes, Presses universitaires de Rennes, 2001, p. 235.

selon les cas de corruption et les positions sociales de chaque citoyen.

CHAPITRE 3

L'ambigüité des perceptions sociales de la corruption en France

Le phénomène de corruption fait l'objet d'une perception relativement variable au sein des citoyens du pays, pouvant accorder une tolérance plus ou moins grande aux élites politiques et institutionnelles mises en cause pour des faits et pratiques de corruption, révélés à l'opinion publique par l'intermédiaire de scandales médiatiques. La question du soutien personnel et électoral des citoyens à des élus mis en causes voir même condamnés pour des atteintes à la probité avec la corruption pose une énigme de la démocratie jamais résolue. Il semble apparaître que la violation des principes moraux ne sont pas systématiquement sanctionnées par l'opinion citoyenne. Si l'élection apparaît comme un consentement renouvelé et un moyen d'influence sur les décision publiques[118], la théorie du vote-sanction en cas de transgression de la probité publique ne semble pas s'appliquer. La corruption apparaît ainsi comme un phénomène sociologiquement « normal » et intégré par de nombreux citoyens comme faisant partie du répertoire des pratiques politiques comme l'entend Pierre Lascoumes cherchant à analyser les justifications et les excuses de la corruption de manière à comprendre l'inertie des comportements ainsi que le faible impact des accusations portées[119]. Il apparaît ainsi diffi-

[118] MANIN Bernard, *Principes du gouvernement représentatif*, Paris, Calmann-Lévy, 1995, p. 228 et suivantes.
[119] LASCOUMES Pierre, *Une démocratie corruptible, op. cit.*, p. 50.

cile de définir la réprobation des différentes formes possibles de « corruption » en raison de la grande complexité de l'appréciation de cette dernière dans la société où il existe de forts écarts entre les références au légalisme et à la moralité publique ainsi qu'entre les seuils de tolérance à l'égard du favoritisme et de la recherche d'avantages individuels. Il y a ainsi une ambiguïté prévalant en matière de probité publique et de perception de la corruption. Cette ambigüité est assimilée à ce que Pierre Lascoumes nomme la « zone grise » de la démocratie révélant notamment un paradoxe inquiétant du désenchantement citoyen en France où tout se passe comme si la corruption était perçue comme un scandale, cause de défiance envers les institutions démocratiques, et comme une fatalité sur laquelle il vaudrait mieux ne pas trop s'attarder[120].

SECTION 1. LE PARADOXE DE LA « ZONE GRISE »

Le spectre paradoxal de la « zone grise » du modèle démocratique où une tolérance et une indulgence citoyenne apparaît s'exercer vis-à-vis des divers illégalismes pouvant impliquer le champ de la corruption, offre un important élément de justification aux atteintes à la probité publique en France par les acteurs politiques et institutionnels chargés de la respecter et de ne pas la transgresser sous peine de sanctions pénales. En raison de sa dimension relativement non tranchée ainsi que du caractère incertain qu'elle englobe, cette « zone grise » démocratique entraîne une incertitude et une réponse aléatoire à la corruption dans les perceptions sociales des citoyens jugeant leurs représentants politiques et institutionnels à chaque élection.

§ 1. La justification des atteintes à la probité en France

Bien qu'il y ait eu, dans l'histoire des démocraties, des moments de prise de conscience de ce phénomène de corruption comme vers la fin du XIXème siècle aux États-Unis avec les révélations du journaliste Lincoln Steffens publiant en 1904 son

[120] *Ibidem.*, p. 8.

livre *The Shame of the Cities* dans lequel il a su montrer la constance des pratiques de corruption, le clientélisme des élus et l'indifférence de l'électorat, la tendance de la corruption ne s'est pas estompée et est parvenue à trouver justification et tolérance. Cette tolérance a pu s'expliquer par les sous-cultures des activités déviantes ou corrompues, conformément à l'analyse menée par Arnold J. Heidenheimer dans les années 1970 et marquant un tournant dans l'étude du phénomène de corruption. Sur la base des travaux culturalistes menés aux États- Unis sur les différences de normes et valeurs entre les populations d'origine WASP (*White Anglo-Saxon Protestants*) et celle d'immigration récente montrant la co-existence d'ethos politiques, les travaux d'Heidenheimer introduisent une rupture décisive au début des années 1970 avec des analyses approfondissant la perspective culturaliste mettant en évidence des différences majeures dans les perceptions de la corruption par l'ensemble de la population[121]. Son hypothèse centrale est de nature constructiviste et considère que les critères qui différencient ce qui est jugé « corrompu », de ce qui est considéré comme acceptable et répréhensible sont relativement variables selon les personnes et surtout selon leurs groupes d'appartenance. Il établit une distinction entre les situations suscitant un consensus soit de réprobation (*black corruption*), soit de tolérance (*white corruption*) de celles où prévaut l'incertitude sur la gravité et l'aspect de sanction des faits concernés (*grey corruption*).

Les pratiques qui relèvent de ces dernières situations sont celles qui suscitent le plus la controverse étant donné qu'elles apparaissant illicites ou dangereuses pour les uns, et tolérables ou excusables pour d'autres. Selon ces trois catégories de situation, le sociologue souligne la définition de modèles culturels spécifiques définissant les obligations réciproques entre les élus et les citoyens. Ces modèles parviennent à orienter, parfois de façon décisive, les normes et les valeurs en déterminant également ce qui est acceptable ou non dans la relation politique entre les élus et les citoyens. Ces modèles regroupent des situa-

[121] HEIDENHEIMER J. Arnold, *Political Corruption: Readings in Comparative Analysis*, New Brunswick, N. J Transaction, 1970, pp. 18-28.

tions suscitant une forte réprobation (zones noires), d'autres situations qui suscitent la tolérance (zones blanches), et enfin, des situations ou domaines où c'est plus précisément l'ambiguïté des normes qui prévaut (zones grises). La « zone grise » est la plus importante dans l'analyse d'Heidenheimer car elle est celle où prévalent l'incertitude et l'aléatoire dans les perceptions et les réactions sociales concrètes.

Ces perceptions et réactions émanant des citoyens sont orientées notamment par des décisions qui s'opèrent tantôt selon les interdits et les tolérances locales, tantôt selon les normes légales en fonction du but recherché comme faciliter une opération, ou éliminer un rival politique. La seconde partie de la démonstration menée par Heidenheimer porte sur la diversité des perceptions qui concerne l'écart entre les perceptions de l'élite politique (*insiders*), et celles des citoyens jugés profanes (*outsiders*). La première catégorie joue un rôle central du fait que ce sont bien les élites politiques qui orientent les normes légales et dirigent les organismes de contrôle. Le problème est qu'elles sont bien trop souvent en décalage avec les représentations ordinaires se démarquant des définitions légales et des professionnels de la politique[122]. L'attribution de la qualification « corrompue » à un acte ou pratique repose sur la combinaison de deux jugements précis de gravité de situation : celui du degré de transgression de l'action et celui en termes de possibilité de sanction[123]. Le tableau 12 synthétise ce modèle dégagé par Heidenheimer[124] et qui va être repris et appliqué aux études et analyses du phénomène de corruption en France, et qui va offrir un important panorama de justifications aux atteintes à la probité du fait de cette « zone grise » démocratique. Les élites politiques et institutionnelles françaises peuvent se cacher derrière des arguments de justification et d'excuse pour les actes et faits de corruption pour lesquels ils sont incriminés. Une série d'enquêtes menées en France par Pierre Lascoumes, dans trois municipalités et dans des *focus groups* socialement contrastés,

---

122 LASCOUMES Pierre, NAGELS Carla, *Sociologie des élites délinquantes, op. cit.*, p. 247.
123 *Ibidem.*, p. 247.
124 *Ibid.*, p. 248, tableau 12, annexes, p. 5.

ont permis de mettre en avant cinq types de justifications et d'excuses : l'efficacité de l'action, l'identification à l'élu, la victimisation, l'amoralité de la vie politique, et l'incompétence des citoyens[125].

Le pragmatisme et l'efficacité de l'action politique sont bien mis en évidence dans les arguments des élites politiques et institutionnelles incriminées pour corruption induisant qu'en raison de cette efficacité, elles pourraient minimiser leurs transgressions des règles de probité publique et justifier le soutien électoral dont elles bénéficient. Le raisonnement pragmatique mobilisé par ces élites incriminées pour corruption se base sur une conception relativement empirique de la notion de bien commun avec des valeurs ainsi que des idéaux d'égalité de justice mises au second plan au profit des résultats tangibles fondés sur les bénéfices obtenus[126]. Le strict respect des règles de probité est mis en balance par les acteurs politiques et institutionnels avec les avantages concrets que ces derniers pourraient obtenir en transgressant ces règles. Du côté du jugement des citoyens, la tolérance à l'égard des abus de ces élites peut être entendue comme un coût moral pour ces citoyens mais qui est compensé par les avantages matériels symboliques attendus avec une approbation des résultats qui l'emporte sur le jugement négatif[127].

La relation de proximité entre les citoyens et les élus entre également en ligne de compte dans la justification des atteintes à la probité en France où se joue une dimension de personnalisation des élus par les citoyens. Cette personnalisation facilite l'excuse en humanisant le responsable ainsi qu'en mettant en avant sa capacité d'écoute qui vient confirmer sa simplicité et démontrer son attention aux autres[128]. Cette personnalisation permet également l'empathie qui entraîne la tolérance des citoyens à l'égard des élus avec des débordements qui peuvent être minimisés au nom de la proximité[129]. Dans l'Hexagone, cette dimension de proximité et de personnalisation s'exerçant

[125] LASCOUMES Pierre, *Une démocratie corruptible, op. cit.*, p. 59.
[126] *Ibidem.*, p. 60.
[127] *Ibid.*, p. 61.
[128] *Ibid.*, p. 62.
[129] *Ibid.*, p. 63.

entre les citoyens et les élus est bien plus marquante au sein des communes où connaître tout le monde est aisé qu'au sein des institutions nationales où certains acteurs sont méconnus de l'opinion publique. Les maires et les conseillers municipaux font souvent l'objet d'une importante personnalisation de la part des citoyens qu'ils représentent et qui s'identifient à eux. C'est pourquoi, quand un de ces acteurs est mis en cause pour des faits et pratiques relevant de la corruption, la révélation peut être violente moralement pour les citoyens mais pourra aussi faire preuve de leur tolérance si l'action de ces élus est majoritairement jugée efficace et satisfaisante.

Un autre registre de justification des atteintes à la probité publique est consacré en l'action de victimisation de l'élu incriminé, de sa transformation en victime. Faire de l'élu ou des élus mis en cause, une ou des victimes permet de préserver les liens qui relient ce ou ces élus à leurs partisans[130]. La stratégie de victimisation a notamment été utilisée par le candidat du parti Les Républicains (LR) aux élections présidentielles de 2017, François Fillon mis en cause pour des soupçons d'emplois fictifs concernant sa femme Pénélope à la suite des révélations du Canard enchaîné en date du 25 janvier 2017. Mis en examen et saisi par le Parquet national financier (PNF) ouvrant une enquête pour détournements de fonds publics, abus de biens sociaux et recel de ces délits, l'ancien Premier Ministre se défendait en accusant un « cabinet noir » impliquant le Président de la République François Hollande et certains de ses conseillers à l'Élysée devant se charger de se renseigner, en secret, sur le candidat et de transmettre les informations compromettantes à la presse. Cette théorie du complot défendue par le candidat de la droite républicaine et ses partisans lui permet d'effacer les accusations qui pèsent sur lui. « La thèse du complot, ça marche super bien auprès de nos électeurs » jure l'un de ses lieutenants. « Vous n'imaginez pas le nombre de mails de soutien que l'on reçoit chaque jour de leur part au QG de cam-

[130] *Ibid.*, p. 63.

pagne. Ils sont persuadés qu'on cherche à abattre François pour favoriser l'élection de Macron »[131].

La banalisation de la corruption offre une autre possibilité d'argument aux élites politiques et institutionnelles. Cette banalisation est notamment utilisée par les humoristes politiques professionnels s'illustrant avec le journal *Le Canard enchaîné* ou l'émission télévisé « Les Guignols de l'info ». Une autre forme de banalisation consiste à diluer le comportement transgressif des élus dans la généralité déviantes et illégales du milieu politique[132]. Cette banalisation de la corruption permet d'expliquer les faits et pratiques de corruption pour lesquels sont incriminés les élus considérant ainsi la corruption comme quelque chose de normal et de courant dans la vie politique et institutionnelle du pays.

Un dernier type de justification des atteintes à la probité publique en France peut être souligné. C'est celui du manque crucial de compétence de l'électeur mettant l'accent sur les limites du citoyen en tant qu'acteur politique[133]. L'enquête quantitative menée par Pierre Lascoumes comportant un test avec une liste de huit noms de personnalité politiques françaises actives pour lesquelles les personnes enquêtées devaient dire si elles avaient été déjà condamnées ou non. Avec un niveau satisfaisant pour 55% des répondants, 26% ont un niveau de connaissance élevé, 29% ont un niveau moyen supérieur et 19,5% ont un niveau médiocre[134]. Bien que ces résultats soient liés à l'exposition médiatique des différents scandales de corruption, la compréhension des citoyens-électeurs n'est pas toujours au rendez-vous et prouve qu'il existe donc un écart important entre le constat d'un abus de fonction de la part d'un élu et sa réprobation, sans parler de sa sanction électorale[135]. Les citoyens man-

---

[131] BEAUMONT Olivier, « Cabinet noir » : François Fillon persiste et dit avoir des « preuves solides », Le Parisien, 07/04/2017, accessible sur LeParisien.fr : http://www.leparisien.fr/elections/presidentielle/cabinet-noir-francois-fillon-persiste-et-dit-avoir-des-preuves-solides-07-04-2017-6832545.php

[132] LASCOUMES Pierre, *Une démocratie corruptible, op. cit.*, p. 66.

[133] *Ibidem.*, p. 67.

[134] *Ibid.*, p. 68.

[135] *Ibid.*, p. 70.

quent trop de cohérence dans les positions qu'ils expriment lors des élections où ils sont prêts à pardonner aux élus et autres acteurs politiques et institutionnels leurs faits et pratiques de corruption pour lesquelles ils sont incriminés. En témoigne l'exemple de Patrick Balkany élu maire de Levallois-Perret en 2001 et réélu en 2002, 2008 et 2014 malgré ses affaires de corruption et financements occultes.

Les élites politiques et institutionnelles disposent ainsi d'une importante palette d'arguments leur permettant de justifier leurs différentes atteintes à la probité publique et leurs faits et pratiques de corruption en France. Ces justifications s'effectuent toujours sous le prisme de la « zone grise » faisant partie prenante du modèle démocratique français et qui orientent les perceptions des citoyens entre les variables de l'incertitude et de l'aléatoire.

§ 2. Une incertitude combinée à des réponses aléatoires dans les perceptions sociales

La « zone grise » mise en évidence dans les travaux d'Heidenheimer induit une profonde ambigüité dans les perceptions sociales des citoyens français vis-à-vis de la corruption et des acteurs politiques et institutionnels incriminés pour cette dernière. Elle provient notamment de la culture civique française marquée par une certaine tolérance aux infractions cherchant le gain d'avantages personnels. Comme le reconnaît Pierre Lascoumes : « La culture civique française se caractérise par un écart entre, d'une part, de fortes références au légalisme et à la moralité publique et, de l'autre, une large tolérance à l'égard du favoritisme et de la recherche d'avantages individuels. En matière de probité publique, c'est donc l'ambiguïté qui prévaut »[136].

Sur la base des travaux d'Heidenheimer, Pierre Lascoumes met en évidence cette ambiguïté prévalant dans les perceptions sociales des citoyens français à travers une analyse quantitative impliquant deux axes majeurs de jugements : un concernant le degré de tolérance élevé à l'égard du favoritisme public et

---

[136] *Ibid.*, p. 7.

privé, et un autre portant sur la perception de la corruption chez les élus et dans un ensemble d'institutions publiques[137]. D'après les résultats présentés dans le tableau d'analyse (tableau 13)[138], il convient de remarquer que le type 2 conjugue une perception relativement élevée du degré de corruption avec un tolérance élevée à l'égard du favoritisme en représentant un peu plus du quart des personnes enquêtées (27%). Si les types 1 et 3 font preuve d'une certaine cohérence, le type 2 renseigne sur un niveau contradictoire relativement important au sein des perceptions des citoyens. L'enquête a aussi révélé le contenu des différentes zones de perception définies par Heidenheimer et a souligné l'ambiguïté de ces dernières sur le phénomène de corruption en France. Il convient ainsi d'observer qu'il existe un consensus fortement réprobateur sur une série d'actes relevant de la corruption (tableau 14) tout comme l'existence d'un important consensus de tolérance sur un autre ensemble de pratiques (tableau 15)[139]. Les résultats donnés dans ces tableaux permettent de révéler d'importants écarts de pourcentage qui relatifs à la perception des citoyens sur certains actes de corruption. L'enquête de Pierre Lascoumes permet de mettre en lumière les jugements toujours hétérogènes des citoyens vis-à-vis de leurs élites politiques et institutionnelles validant ainsi la notion de « zone grise » mise en évidence par Heidenheimer dans ses travaux (tableau 16)[140] et qui constitue une véritable menace pour la démocratie en raison de l'ambiguïté qu'elle entraîne et induisant que le phénomène de corruption continue de proliférer au sein du pays du fait de son incompréhension ainsi que de la tolérance citoyenne relative à son égard.

Si dans la « zone noire » ainsi que dans la « zone blanche » de la corruption, cette dernière semble faire l'objet d'une perception et d'un jugement clair de la part des citoyens, forte réprobation pour l'une et forte tolérance pour l'autre, il n'en est pas de même pour la « zone grise » où la perception et le jugement des citoyens oscillent entre les deux et n'offrent pas une

[137] LASCOUMES Pierre, NAGELS Carla, *Sociologie des élites délinquantes, op.cit.*, pp. 252-253.
[138] *Ibidem.*, p. 253, annexes, p. 6.
[139] *Ibid.*, p. 254, annexes, p. 6.
[140] *Ibid.*, p. 255, annexes, p. 7.

dimension de clarté. Cette « zone grise » révèle ainsi un paradoxe du désenchantement citoyen en France où tout se passe comme si le phénomène de corruption était perçu à la fois comme un scandale, à l'origine de défiance à l'égard des institutions, et comme une fatalité, un mal honteux sur lequel il vaut mieux ne pas trop s'attarder[141]. Si les abus de fonctions des acteurs politiques et institutionnels sont condamnés à l'unanimité et suscitent des discours outragés dans la plupart des milieux sociaux, lorsque des faits et pratiques transgressifs sont révélés à l'opinion publique, les condamnations font place aux excuses et à la tolérance et, ceux que Pierre Lascoumes nomme les « chevaliers blancs » de la morale en politique passent pour des ennemis de la démocratie[142].

Les perceptions et jugements des citoyens vis-à-vis du phénomène de corruption et de leurs représentants politiques et institutionnels la pratiquant sont également basés sur une optique de multidimensionnalité des opinions sur la probité et la corruption en lien avec les clivages sociaux qui jouent un rôle fondamental dans le traitement de la corruption[143]. Le tableau 13[144] présente un portrait sociologique assez révélateur des perceptions et jugements des différents groupes sociaux sur la corruption illustrant les clivages sociaux présents. Les classes populaires, composées par les employés et les ouvriers, sont caractérisées par une réelle perception négative du monde politique et des phénomènes de manque de probité, publique comme privée, tandis que les classes plus favorisées, comme celle des professions intermédiaires ou celle des professions libérales, sont davantage vertueux en matière de probité privée et ne considère pas vraiment les partis et les hommes politiques comme très corrompus. Ils sont majoritairement des « réprobateurs réalistes » avec 26% pour les professions intermédiaires et 29% pour les chefs d'entreprises, les professions libérales, les enseignants et les chercheurs. Leur univers de représentation

[141] LASCOUMES Pierre, *Une démocratie corruptible, op. cit.*, 2011, p. 8.
[142] *Ibidem.*, p. 8.
[143] CAUTRÈS Bruno, CHICHE Jean, « Chapitre 2 : Le rôle des clivages dans les jugements sur la probité », dans Pierre LASCOUMES (dir.), *Favoritisme et corruption à la française, op. cit.*, pp. 107-124.
[144] *Ibidem.*, pp. 122-123, annexes, p. 7.

semble attester à la fois d'une valorisation de la vertu dans la vie citoyenne ainsi que d'une représentation plutôt positive de la sphère publique du fait que ces milieux sociaux généralement politisés continuent à exprimer une certaine forme de confiance dans la classe politique parce qu'ils valorisent en général la politique[145].

Les classes moins favorisées apparaissent davantage rigoristes et beaucoup moins tolérantes à l'égard de la corruption en faisant partie de la catégorie des « dénonciateurs pessimistes » avec 28% pour les chômeurs et 25% pour les personnes au foyer. Cette relation multidimensionnelle des opinions des citoyens selon les clivages sociaux est véritablement au cœur de la « zone grise » de la démocratie mettant en avant un kaléidoscope complexe de perceptions et de jugements sur le phénomène de corruption et les élites politiques et institutionnelles qui la pratiquent. Cette « zone grise », révélant une ambivalence collective vis-à-vis du phénomène de corruption et des atteintes à la probité publique, constitue une véritable énigme de la démocratie participant à renforcer le sentiment de défiance qui s'est emparée d'elle. Pour de nombreux citoyens, l'exercice perverti du pouvoir est contraire aux fondements de la démocratie mais il apparaîtrait néfaste de rendre ces transgressions visibles aux yeux du grand public car cela risquerait de déstabiliser tout le système politique[146]. Ces perceptions et jugements ne s'annulent pas les uns les autres et se superposent en créant beaucoup de confusion dans la manière avec laquelle les citoyens jugent leurs dirigeants et se comportent à leur égard[147].

L'incertitude et les réponses aléatoires des citoyens à l'égard du phénomène de corruption en France, induit par la « zone grise », ne participent pas efficacement à la lutte contre ce phénomène qui n'a de cesse de se renforcer en trouvant appui sur la tolérance de citoyens issus de certains milieux sociaux. Au-delà des perceptions et jugements relevés dans les enquêtes sociologiques d'Heidenheimer aux États-Unis et de Pierre Lascoumes en France, le problème est que cette « zone grise » participe à

[145] *Ibid.*, p. 120.
[146] LASCOUMES Pierre, *Une démocratie corruptible, op. cit.*, p. 8.
[147] *Ibidem.*, pp. 8-9.

développer le sentiment de défiance au sein du corps citoyen et notamment à l'égard des institutions politiques et républicaines. Les responsables politiques et institutionnels sont aisément soupçonnés de trahir la défense du bien commun en servant leurs propres intérêts, ceux de leurs proches ou des groupes auxquels ils appartiennent[148]. Dans leur ouvrage *La Société de défiance*, Yann Algan et Pierre Cahuc montrent comment la défiance s'installe dans la société française en insistant notamment sur la corruption qui apparaît comme une variable sous-jacente de la dégénérescence de la situation en France[149].

SECTION 2. L'AUGMENTATION DE LA DÉFIANCE CITOYENNE VIS-À-VIS DES INSTITUTIONS

Le lourd sentiment de défiance envers les institutions politiques et les personnes les représentant qui s'accroit chez les citoyens français est corrélé aux révélations médiatiques de multiples scandales politico-financiers impliquant le spectre de la corruption et qui installent de nombreuses pensées négatives dans l'esprit des citoyens à l'égard des acteurs politiques et institutionnels envers qui ils n'ont plus confiance. Ces pensées participent au désenchantement citoyen se traduisant par un manque de participation généralisé du fait de ce profond manque de confiance envers les élites politiques et institutionnelles n'entraînant qu'une inquiétante fragilisation des institutions qui voient leur crédibilité se briser.

§ 1. De la révélation de scandales à la pensée du « tous pourris » dans l'opinion publique

« Un scandale constitue une entreprise de révélation qui suppose un accès à des informations secrètes et à des canaux de

[148] *Ibid.*, p. 9.
[149] Voir ALGAN Yann, CAHUC Pierre, *La Société de défiance. Comment le modèle français s'autodétruit*, Paris, Éditions Rue d'Ulm, 2007, 102 p.

diffusion permettant de les publiciser »[150]. Les multiples scandales politico-financiers qui ont été révélés à l'opinion publique depuis les années 1980 ont permis de dévoiler aux citoyens plusieurs entreprises de corruption impliquant leurs représentants politiques et institutionnels qui ont été dénoncés, mis en examen et jugés par la suite. La mise en œuvre de la lutte contre le phénomène de corruption se déroule en grande partie grâce aux révélations s'opérant lors des différents scandales politico-financiers rythmant la vie de la République. Comme le notait l'écrivain et journaliste américain Walter Lippmann, dans les années 1930 : « L'histoire de la corruption n'est en fait que l'histoire de la dénonciation [*exposure*] de la corruption »[151].

Les journalistes d'investigations jouent un rôle fondamental dans la révélation médiatique des affaires politico-financières organisées autour de corruption et transformées en scandales par ces derniers qui mettent en lumière tous les acteurs politiques et institutionnels impliqués. L'opinion publique peut ainsi être informée de ce qui se joue dans ces entreprises de corruption révélées au grand public, ce qui est fondamental dans une démocratie qui repose également sur une volonté de s'informer, sur l'exercice civique du « droit de savoir » pour reprendre le titre du livre éponyme du journaliste président et cofondateur du site Mediapart, Edwy Plenel[152]. La liberté de la presse se doit d'être pleinement exercée au sein de la France fonctionnant sur la base du modèle démocratique, et les journalistes d'investigation participent à cet exercice notamment avec les révélations dont ils font part et qui permettent de renseigner les citoyens sur les situations impliquant leurs représentants politiques et institutionnels ainsi que le phénomène de corruption.

---

[150] FAVAREL-GARRIGUES Gilles, « La lutte anticorruption, de l'unanisme internationale aux priorités intérieures », *Droit et société*, vol.72, n° 2, 2009, p. 281.

[151] Texte de LIPPMANN de 1930, reproduit dans LIPPMANN Walter, « A Theory about corruption », in Arnold HEIDENHEIMER, Mickael JOHNSTON, Victor T. LEVINE (dir.), *Political Corruption, op. cit.*, pp. 567-572.

[152] Voir PLENEL Edwy, *Le Droit de savoir*, Paris, Éditions Don Quichotte, 2013, 180 p.

Les révélations sidérantes publiées au travers de l'enquête menée par le journaliste Pierre Péan, intitulée *La République des mallettes*[153], constituent une illustration relativement intéressante et démonstrative de cette liberté de la presse qui s'exerce en révélant des faits et pratiques de corruption. Avec cet ouvrage d'enquête, les citoyens lecteurs découvrent l'énigmatique personnage d'Alexandre Djouhri, un intermédiaire dans les contrats internationaux spécialisés dans l'industrie de l'armement, protégé par le patron de la Direction générale de la sécurité intérieure (DGSI), Bernard Squarcini et membre influent des réseaux de Nicolas Sarkozy et de plusieurs PDG du CAC 40 à l'instar de Serge Dassault, d'Antoine Frérot (Véolia) et surtout d'Henri Proglio (EDF). Cette enquête de Pierre Péan permet de montrer à l'opinion publique comment toutes les affaires politico-financières des quinze dernières années n'ont eu que pour objectif de constituer un trésor de guerre en vue de la campagne présidentielle suivante avec l'exploitation de grands contrats civils ou militaires négociés par l'État ou les grands groupes industriels français à l'étranger, et l'emblématique affaire Karachi le prouve[154].

Ce que les différentes enquêtes et investigations des journalistes autour des affaires politico-financières de corruption révèlent, c'est surtout la présence d'une *omertà* (« loi du silence ») au sein des élites politiques et institutionnelles faisant preuve d'agissements occultes. Il faut que la voix des révélateurs s'élève pour contrer ce silence et mettre en lumière les sombres agissements auxquels se livrent de nombreux acteurs politiques et institutionnels occupant des postes à hautes responsabilités et usant de pratiques de corruption. Comme le reconnaît le grand reporter au journal *La Croix*, Antoine Peillon : « Dans un monde où l'omerta s'impose, où la voix des pouvoirs et des puissants dictent la voie à suivre, il faut un courage certain pour ne pas renoncer à publier « quelque chose que quelqu'un d'autre ne voudrait pas voir imprimé », surtout lors-

---

[153] Voir PÉAN Pierre, *La République des mallettes. Enquête sur la principauté française de non-droit*, Paris, Fayard, 2011, 484 p.

[154] PEILLON Antoine, *Corruption. Nous sommes tous responsables*, Paris, Seuil, 2014, p. 47.

que ce « quelqu'un » détient le pouvoir d'acheter de l'espace publicitaire ou celui de distribuer les aides publiques à la presse »[155].

Sophie Coignard, grand reporter au *Point*, s'est notamment intéressée à cette question d'omerta qu'elle a essayé de décrire au sein des affaires politico-financières tournant autour du phénomène de corruption. Elle fait notamment part, au cours de ses travaux, de la responsabilité de chacun de nous dans la prédominance de cette omerta dictée par des personnes qui choisissent d'étouffer les affaires comme des politiciens, des patrons, des hauts fonctionnaires ou encore des magistrats. Elle affirme clairement que : « L'omerta n'est pas une chape de plomb qui descend des hautes sphères et afflige des citoyens désespérés. C'est une tentation qui traverse toute la société. Il n'y a pas une administration, une entreprise, un tribunal, une maison d'édition, un parti, un corps de contrôle, un journal qui ne soit coupé en deux. Certains, les plus nombreux en général, ont fait le pari de l'ombre. D'autres voudraient en finir avec ces comportements infantiles et archaïques. La lâcheté des institutions – et des hommes – les exaspère de plus en plus »[156]. La journaliste souligne, par ailleurs, le pouvoir que possèdent les citoyens français de briser cette loi du silence nourrissant la corruption au cœur des nombreuses affaires politico-financière : « C'est une tâche immense et simple en même temps. Elle consiste juste à transformer, à l'aube du troisième millénaire, la France en démocratie digne de ce nom »[157]. Elle met ainsi en avant, dès la fin des années 1990, le rôle qu'occupent les citoyens lanceurs d'alerte dans la lutte anticorruption dont il sera question plus tard et qui participent pleinement à la révélation de scandales politico-financiers s'organisant sous le prisme de la corruption.

Briser cette loi du silence est rapidement devenu l'objectif de nombreux journalistes d'investigations à l'instar d'Edwy Plenel pour qui les secrets d'argent sont des réalités excessivement alarmantes car faisant partie des réalités les plus banali-

[155] *Ibidem.*, p. 61.
[156] COIGNARD Sophie, WICKHAM Alexandre, *L'Omerta française*, Paris, Albin Michel, 1999, p. 15.
[157] *Ibidem.*, p. 361.

sées et les plus corruptrices : « Tel fut notre défi : briser cette omerta qui, au prétexte d'une économie de marché ouverte et concurrentielle, recouvre des pratiques illicites, des arrangements complaisants, des conflits d'intérêts, des affairismes sans scrupules, des corruptions bien réelles, des enrichissements sans causes, des mélanges des genres entre haute administration et milieux économiques, bref tout un monde d'intérêt et d'avidité qui échappe au commun des citoyens, hors de sa vue et hors de son contrôle »[158]. Le site Mediapart est d'ailleurs à l'origine de nombreuses révélations d'affaires politico-financières impliquant le phénomène de corruption à l'instar de l'affaire impliquant l'ancien Président de la République, Nicolas Sarkozy, et l'ancien dictateur de Libye, Mouammar Kadhafi, aussi connue comme l' « affaire Sarkozy-Kadhafi ». Sur cette affaire, les révélations de Fabrice Arfi et de Karl Laske avec leurs articles, du 12 mars et du 28 avril 2012, ont permis de révéler cette affaire impliquant d'importants versements de fonds libyens à des fins de financement de la campagne présidentielle de Nicolas Sarkozy en 2012. Ces révélations permettent de montrer à l'opinion publique citoyenne, le « circuit des millions de la corruption » de cette affaire impliquant deux anciens dirigeants d'États dont un ancien Président de la République française suivi de certain de ses proches comme Claude Guéant et Boris Boillon qui auraient également reçu des fonds[159].

Une fois révélées, les affaires politico-financières se transformant en scandales affectent la pensée des citoyens portant un jugement relativement négatif et pessimiste sur leurs représentants politiques et institutionnels. Ils développent un sentiment généralement connu sous le vocable du « tous pourris » rejetant les acteurs politiques et institutionnels et plus globalement la politique en général. Ce sentiment tend également à banaliser le phénomène de corruption en France participant au dépérissement de la République comme le soulignait la commissaire divisionnaire aux Renseignements généraux Brigitte Henry dans

---

[158] PLENEL Edwy, *Le Droit de savoir, op. cit.*, pp. 83-84.
[159] ARFI Fabrice, LASKE Karl, « Sarkozy-Kadhafi : révélations sur le circuit des millions de la corruption », Mediapart, 07/ 11/ 2016, accessible sur Mediapart.fr : https://www.mediapart.fr/journal/international/071116/sarkozy-kadhafi-revelations-sur-le-circuit-des-millions-de-la-corruption?onglet=full

son ouvrage sur la corruption : « [...] ce dépérissement tend à être banalisé à travers un discours « tous pourris » fataliste. L'analyse morale ou éthique que l'opinion pouvait attendre de ces affaires a été pratiquement absente des débats politiques ou médiatiques jusqu'à une époque récente. Le discours moral a disparu des écoles primaires où l'instruction civique permettait de maintenir un certain degré d'éthique et de sens critique au sein de la société. Tout cela fait que la société globalise la corruption sans réellement en connaître les fondements, l'évolution et les mécanismes ; elle l'accepte de façon tacite, la jugeant inéluctable et parfois même salvatrice, faute d'avoir trouvé une meilleure solution »[160].

Les citoyens considèrent ainsi la corruption comme parfaitement normale et inhérente à la vie politique et institutionnelle qu'ils décrient et rejettent. La dénonciation d'affaires politico-financières par les médias participent à fonder ce sentiment de « tous pourris » mais n'entraîne pas le même jugement chez tous les citoyens comme le démontre Pierre Bréchon avec une enquête de l'*International Social Survey Programme* (ISSP), réalisée en France en 2016. D'après le tableau des résultats montrant la perception des citoyens de l'implication des hommes politiques et des fonctionnaires dans la corruption, près d'un Français sur deux juge que « beaucoup », ou « presque tous » les hommes politiques, sont corrompus tandis que seulement 14 % d'entre eux jugent que « presque tous » les élus sont honnêtes. Il convient également d'observer que les jugements sont beaucoup moins négatifs concernant les fonctionnaires et que la comparaison avec les résultats obtenus en 2006 ne montre pas d'évolution nette[161].

La confiance de citoyens envers leurs représentants politiques et institutionnels tend ainsi à s'éroder durablement en

---

[160] HENRY Brigitte, *Au cœur de la corruption, par une commissaire des RG*, Éditions 1, 2000, p. 197.

[161] BRÉCHON Pierre, « Tous pourris » : d'où vient la croyance en la corruption des élites politiques ? », The Conversation, 12/02/2018, accessible sur TheConversation.com : https://theconversation.com/tous-pourris-dou-vient-la-croyance-en-la-corruption-des-elites-politiques-91610 ; tableau sur L'implication des hommes politiques et des fonctionnaires dans la corruption, ISSP France 2016 et 2006, annexes, p. 8.

fonction de ce sentiment de « tous pourris » nourri par les révélations médiatiques à scandale des affaires politico-financières impliquant le phénomène de corruption. Ce manque de confiance citoyen à l'égard des acteurs politiques et institutionnels et à la vie politique en règle générale participe à fragiliser les institutions politiques françaises voyant leur crédibilité atteinte en raison de la faible légitimité accordée à leurs représentants.

§ 2. Des institutions fragilisées par un manque de confiance généralisée

La défiance croissante des citoyens envers leurs représentants politiques et institutionnels élus, liée au phénomène de corruption, se traduit par un rejet massif de ces derniers induisant, en fin de course, un rejet des institutions politiques donnant tout son corps au modèle démocratique français. La généralisation de cette défiance à l'égard du système politique et institutionnel est au cœur de la crise de la représentation qui affecte la relation des Français aux gouvernants ainsi qu'à leurs élus[162]. Les liens entre les citoyens français et leurs élus se voient remis en cause par la perception d'un niveau élevé de corruption dans le monde politique et institutionnel, niveau qui est un symptôme de la profondeur de cette crise de confiance que traverse le pays[163]. Durant les années 2000, les perceptions des citoyens étaient relativement majoritaires en termes de manque de confiance vis-à-vis des hommes et des partis politiques en raison du poids de la corruption : sept français sur dix (67%) ne font confiance ni à la gauche ni la droite pour gouverner et diriger le pays[164], six sur dix (60%) trouvent que les hommes politiques sont plutôt corrompus[165] et 33% sont prêt à penser qu'il y a plus de corruption qu'avant[166].

---

[162] MUXEL Anne, « Chapitre 5 : Familles politiques et jugements sur la probité », dans Pierre LASCOUMES (dir.), *Favoritisme et corruption à la française, op. cit.*, p. 169.

[163] *Ibidem.*, p. 169.

[164] Cevipof, Edelman, Institut Pierre Mendès France, « Baromètre de la confiance politique », décembre 2009.

[165] Cevipof, Enquête « Probité publique », 2006.

[166] *Ibid.*

De nombreux travaux ont cherché à expliquer ce déclin de la confiance des citoyens à l'égard des gouvernements et des institutions et à en identifier les différentes causes. Susan J. Pharr et Donatella Della Porta soutiennent l'hypothèse que les manières d'exercer le pouvoir (*conduct in office*) expliqueraient en grande partie le niveau de confiance dans les gouvernements et institutions[167]. Elles mettent en avant la dimension de confiance des citoyens en lien avec le capital social. Pour Donatella Della Porta, la confiance citoyenne envers les acteurs politiques et institutionnels et les institutions décroît en Italie à mesure que le phénomène de corruption se fait de plus en plus visible par l'intervention des médias. La corruption participerait à affaiblir l'efficacité ainsi que l'efficience de l'administration dans sa production des biens collectifs, détournerait les demandes sociales, parviendrait à élever les coûts de production et enfin détériorerait la performance gouvernementale[168].

Susan J. Pharr défend également que les perceptions de conduites et pratiques politiques de corruption affecte la confiance et les croyances qu'ont les citoyens japonais envers leurs représentants ainsi que la politique en général et les institutions. Le déclin de la confiance citoyenne envers la vie politique et les institutions qui se produit dans ces pays-là est également présent en France où l'on peut assister, notamment depuis près d'une vingtaine d'années, à l'émergence d'un double phénomène. D'une part, il convient d'observer une diffusion des comportements de retrait politique avec une profonde augmentation de l'abstention ainsi qu'un lourd affaiblissement des allégeances partisanes et idéologiques. De l'autre, on peut observer une montée des formes de protestation politique qui entraînent des adhésions plus ou moins solides se portant en dehors des

---

[167] Voir PHARR Susan J., « Officials's misconduct and Public Distrust: Japan and the Trilateral Democracies », in Susan J. PHARR, Robert D. PUTNAM (dir.), *Disaffected Democracies: What's Troubling the Trilateral Countries ?*, Princeton, Princeton University Press, 2000, pp. 173-201 ; DELLA PORTA Donatella, « Social Capital, Beliefs in Government and Political Corruption », in Susan J. PHARR, Robert D. PUTNAM, (dir.), *op. cit.*, pp. 202-228.

[168] BEZÈS Philippe, LASCOUMES Pierre, « Percevoir et juger la « corruption politique », *Revue française de sciences politiques*, vol. 55, n°5, p. 765.

grands partis de gouvernement ainsi que des formes classiques de représentation politique[169].

Ces deux phénomènes participent à l'érosion des institutions politiques françaises, rongées par la corruption qui se joue dans les relations des acteurs politiques et institutionnels et qui est révélée aux citoyens par l'intermédiaire des médias. Bien entendu, les représentations comme les jugements sur la probité sont étroitement liées au niveau d'intégration politique et, *in fine*, d'intégration sociale des individus. Ceux qui ont un sentiment d'implication et d'engagement politique plus marqué car ils participent et votent aux élections, sont ceux qui jugent favorablement l'honnêteté de la classe politique, tandis que et les individus plus défavorisés socialement, et également plus distants à l'égard du champ politique, sont ceux où l'on peut observer la dénonciation la plus virulente ainsi que le soupçon de corruption le plus vif[170]. Néanmoins, ces deux phénomènes illustrent clairement le manque de confiance qui se généralise chez les citoyens français se détournant, de plus en plus des élections et de la vie politique.

Les taux d'abstention aux dernières élections sont clairement révélateurs de cette confiance citoyenne en chute libre au sein de l'État français. Lors des élections législatives de juin 2017, le taux d'abstention a atteint 51,13% au premier tour et 57,36% au second[171]. Lors des élections présidentielles de la même année qui ont vu l'ascension au pouvoir d'Emmanuel Macron, l'abstention enregistrait un taux de 22,23% au premier tour et un taux de 25,44% au second[172]. Le phénomène d'abstention

[169] MUXEL Anne, « Chapitre 5 : Familles politiques et jugements sur la probité », dans Pierre LASCOUMES (dir.), *Favoritisme et corruption à la française, op.cit.*, pp. 170-171.

[170] *Ibidem.*, p. 171.

[171] Ministère de l'Intérieur, Résultats des élections législatives 2017, accessible sur Interieur.gouv.fr : https://www.interieur.gouv.fr/Elections/Les-resultats/Legislatives/elecresult__legislatives-2017/(path)/legislatives-2017//FE.html

[172] Ministère de l'Intérieur, Résultats de l'élection présidentielle de 2017, accessible sur Interieur.gouv.fr : https://www.interieur.gouv.fr/Elections/Les-resultats/Presidentielles/elecresult__presidentielle-2017/(path)/presidentielle-2017/FE.html

électorale apparaît ainsi se généraliser au sein des actions politiques citoyennes et peut être également analysé de la même manière qu'une forme de protestation comme le relève Anne Muxel : « Si les électeurs restent dans leur ensemble attachés aux institutions politiques et aux rouages de la démocratie représentative ils sont néanmoins critiques à leur endroit, moins confiants et plus sceptiques quant à leur efficacité, et développent des formes de participation plus protestataires. [...] Le devoir de voter n'est pas remis en cause, mais il obéit à un impératif moral et social moins fort qu'avant. Dans un climat de relative désinstitutionnalisation de la politique et de plus grande individualisation des choix et des convictions personnelles, le droit de ne pas voter acquiert aussi une certaine légitimité. Et l'abstention ne peut être interprétée seulement comme une indifférence et une panne de civisme »[173].

L'abstention protestataire illustre entièrement le profond déclin de confiance des citoyens français envers leurs élus et révèle l'ampleur de la crise de la représentation politique fragilisant les institutions qui ne trouvent plus réellement de crédibilité auprès des citoyens choisissant de s'abstenir, de se détourner du vote pour montrer leur opposition aux acteurs politiques institutionnels qu'ils jugent « tous pourris » en partie à cause du phénomène de corruption. Cette abstention protestataire peut ainsi constituer une nouvelle forme d'expression politique radicalement différente de celle de l'élection, qui est la forme d'expression citoyenne la plus générale au sein des régimes démocratiques, et peut être entendue, de manière positive, comme une forme de mutation du modèle démocratique français. Comme le reconnaît Pierre Rosanvallon, cette abstention traduit certes un déclin de la confiance citoyenne en la vie publique mais également une mutation de la démocratie évoluant vers de nouvelles formes d'expression, d'implication et d'intervention qui s'affirment : « Si la démocratie d'élection s'est incontestablement érodée, les démocraties d'expression,

---

[173] MUXEL Anne, « L'abstention : déficit démocratique ou vitalité politique ? », *Pouvoirs*, vol. 120, n°1, 2007, p. 47.

d'implication et d'intervention se sont, quant à elles, incontestablement affermies »[174].

Si le déclin de confiance des citoyens à l'égard de leurs représentants politiques et institutionnels peut s'exprimer par une abstention pouvant être protestataire, il nourrit également le terreau du populisme prenant de plus en plus d'ampleur ces dernières décennies avec des partis d'extrême droite et d'extrême gauche comme le Rassemblement national (RN). Défini comme une idéologie ou une attitude caractérisant certains acteurs, mouvements ou partis politiques se référant au peuple pour l'opposer aux élites des gouvernants, au grand capital ou à la minorité de personnes concentrant le pouvoir, le populisme manifeste une profonde hostilité à l'égard du modèle de démocratie représentative qui fonctionnerait excessivement mal et serait loin de tenir toutes ses promesses. Le phénomène de corruption ne crée pas le populisme mais participe à l'alimenter, à le renforcer et à le légitimer même s'il est difficile de dire si la corruption est la cause ou bien le symptôme de la crise que traversent les sociétés politiques[175].

Ce populisme relevant d'une importante dimension protestataire et anti-élitiste de la part du peuple, sur lequel s'appuient certains leaders, mouvements ou partis politique, s'incarne notamment dans des slogans ou mots d'ordre simples insistant sur la nécessité de chasser les détenteurs du pouvoir politique et institutionnel. La communication populiste met en avant des slogans simples et marquants, interpellant les citoyens sur la nécessité de se révolter et de renverser ces élites exploiteuses, technocratiques et corrompues au pouvoir. « Sortez les sortants » proclamaient haut et fort les Poujadistes lors des années 1950 tandis que Philippe de Villiers et Jean-Marie Le Pen répètent continuellement à leurs militants « tous pourris » pour parler des élites politiques et institutionnelles au pouvoir. Ce discours simplificateur s'appuie essentiellement sur une vision moralisatrice du monde avec la partie saine, courageuse, tra-

---

[174] ROSANVALLON Pierre, « Le mythe du citoyen passif », Le Monde, 19/06/2004, accessible sur LeMonde.fr : https://www.lemonde.fr/international/article/2004/06/19/le-mythe-du-citoyen-passif_369640_3210.html

[175] MÉNY Yves, « Corruption, politique et démocratie », *op. cit.*, p. 21.

vailleuse du peuple qui a conservé toutes les vertus nationales, contre la partie minoritaire exploiteuse, technocratique, profiteuse, et corrompus au pouvoir. Le mot est ainsi parfaitement jeté : corrompus[176].

Ainsi, le phénomène de corruption participe à fragiliser les institutions politiques françaises souffrant d'un inquiétant manque de crédibilité en raison d'acteurs et représentants politiques faisant l'objet d'un profond rejet de la part des citoyens manifestant leur mécontentement et leur dégoût vis-à-vis de ces derniers par une abstention. Cette dernière peut être protestataire tout comme le populisme qui grandit et derrière lequel se cachent les spectres de la démagogie et du pouvoir d'une seule personne ou d'un seul mouvement ou parti politique, ce qui constituent une menace au modèle démocratique loin d'être négligeable.

---

[176] *Ibidem.*, p. 19.

PARTIE II

Vers une République transparente ?
Les moyens de lutte contre la corruption en France accompagnés de leur efficacité relative

CHAPITRE 1

Les agissements du législateur depuis les années 1990

La lutte contre la corruption commence à connaître des avancées décisives et déterminantes pour le maintien de la probité à partir des années 1980-1990 en réaction à des scandales politiques et médiatiques qui ne cessent de se multiplier.

Le législateur français commence à prendre de sévères mesures de répression à l'encontre des actes de corruption impactant la vie politique et institutionnelle de l'Hexagone. Ce mouvement législatif intervient dans un moment où la décentralisation, promue par les lois Defferre de 1982, commence à donner de plus en plus d'autonomie aux collectivités locales et territoriales, et reflète notamment l'impulsion internationale de lutte anti-corruption donnée par plusieurs organisations internationales à l'instar des Nations-Unies qui, le 15 décembre 1975, adoptent une résolution, la résolution 3514, condamnant pour la première fois les faits et pratiques de corruption dans le monde.

Bien qu'il y ait eu des prémices dans l'action du législateur français dans la lutte anticorruption comme la création du délit de détournement de deniers publics et de corruption sous l'Ancien régime, ou l'intégration de sept articles relatifs à la corruption dans la rédaction du Code pénal en 1810, les scandales politico-financiers des années 1980-1990 conduisent le législateur à adopter de nouvelles mesures destinées à la prévention et à la lutte contre la corruption. S'opère progressivement un profond renforcement législatif du traitement de la corruption en France avec de nouvelles lois mettant en œuvre des dispositifs précis destinés à lutter contre le phénomène de corruption des élites politiques et institutionnelles. L'assainissement de la vie politique et institutionnelle apparaît être le principal but poursuivi par le législateur à partir de ces années 1980-1990 où le phénomène de corruption prend une ampleur importante et érode de plus en plus la démocratie française.

SECTION 1. LES RENFORCEMENTS LÉGISLATIFS DU TRAITEMENT DE LA CORRUPTION

Dès la fin des années 1980, le législateur commence à opérer un renforcement de l'arsenal législatif français en matière de lutte anticorruption avec la loi n°88-227 du 11 mars 1988 relative à la transparence financière de la vie politique encadrant le financement des partis politiques. Un rythme de réformes d'envergure soutenue commence à se mettre en place dans l'action du législateur français à partir des années 1990 notamment avec la loi Sapin (n° 93-122) du 29 janvier 1993. Ce rythme législatif sera amplifié à l'issue des années 2000 avec de nouvelles dispositions relatives à la transparence pour répondre à la nouvelle multiplication de scandales politico-financiers impliquant des acteurs politiques et institutionnels de premier ordre comme d'ancien ministres. L'objectif de probité publique est soutenu par le législateur orientant son action vers une dynamique de meilleure détection et prévention de la corruption

§ 1. La montée en puissance des lois anti-corruption des années 1990

Sur la dynamique impulsée par la loi n°88-227 du 11 mars 1988, plusieurs lois ont été établies par le législateur français dans l'optique de lutte anticorruption et de transparence politique et institutionnelle. La loi n°90-55 du 15 janvier 1990 relative à la limitation des dépenses électorales et à la clarification du financement des activités politiques crée la Commission Nationales des Compte de Campagne et des Financements Politiques chargée de veiller au respect des règles de transparence par les partis politiques. « Autorité administrative et non une juridiction » comme l'a précisé le Conseil Constitutionnel[177], cette Commission rend des décisions et avis sur l'état des comptes de campagne des acteurs politiques. Bien qu'elle ne soit pas à proprement parler dotée de pouvoir d'enquête et de sanction, elle constitue un des premiers instruments mis en place par le législateur qui, tout au long de la décennie, va mettre en place des dispositions entrant dans le cadre de la lutte anti-corruption.

Le délit de favoritisme est créé par la loi n°91-3 du 3 janvier 1991 relative à la transparence et à la régularité des procédures de marché introduisant ce délit à l'article 432-14 du Code pénal sous l'appellation d'atteinte à la liberté d'accès et à l'égalité des candidats dans les marchés publics et les délégations de services publics[178]. L'année suivante est mise en place la loi n°92-124 relative à l'administration territoriale de la République qui introduit de nouvelles dispositions pour davantage de transparence financière et budgétaire dans les collectivités territoriales notamment avec son article 13 prévoyant une mise à la disposition du public le budget de la commune, des données sur la situation financière de la commune ainsi que des tableaux synthétiques des comptes administratifs liés au dernier exercice connu des organismes de coopération intercommunale dont est membre la commune[179]. Le débat d'orientation budgétaire préalable au vote du budget commence à devenir une étape obligatoire dans les collectivités territoriales. Le législateur français commence à réellement prendre conscience du phénomène de

---

177 Cons. Const., décision 91-1141 DC du 31 juillet 1991, accessible sur Conseil-constitutionnel.fr :
https://www.conseil-constitutionnel.fr/decision/1991/911141_1142_1143_1144AN.htm

178 C. Pén., Livre IV, Titre III, chapitre 2, section 3, paragraphe 4, article 432-14, accessible sur Legifrance.Gouv.fr :
https://www.legifrance.gouv.fr/affichCodeArticle.do?idArticle=LEGIARTI000006418528&cidTexte=LEGITEXT000006070719&dateTexte=20020101

179 Loi d'orientation n°92-124 du 6 février 1992 relative à l'administration territoriale de la République :
https://www.legifrance.gouv.fr/affichTexte.do?cidTexte=JORFTEXT000000722113&categorieLien=id

corruption au cours de ces années 1990 tout comme la communauté internationale. En effet, le mouvement international anticorruption commence à prendre forme au début des années 1990, lorsqu'un nombre considérable de gouvernements appuyés par des organisations internationales (OI) et des organisations non gouvernementales (ONG) décident d'intervenir pour combattre ce fléau qu'est la corruption[180]. Parmi ces ONG, on peut citer en exemple *Transparency International*, fondée en 1993 par l'ancien directeur régional de la Banque mondial, Peter Eigen, ou encore la Convention de l'OCDE de 1997 sur la lutte anticorruption établissant des normes juridiquement contraignantes notamment pour les agents publics étrangers.

La lutte contre la corruption politique et institutionnelle commence à prendre une nouvelle tournure dans les années 1990 où cette lutte devient plus qu'une exigence éthique mais une obligation au regard des conséquences que le fléau de la corruption provoque sur tous les continents[181]. Bien au-delà d'une prise de conscience, l'élaboration d'un cadre d'incrimination, de poursuites et de sanctions est le fruit de la transposition de règles élaborées par les institutions internationales qui sont déclinées dans les grandes conventions et les directives européennes, elles-mêmes transposées dans les législations nationales[182].

L'action du législateur dans la lutte anticorruption est symboliquement consacrée par la loi Sapin (n°93-122) du 29 janvier 1993 relative à la prévention de la corruption et à la transparence de la vie économique et des procédures publiques. Préparée directement en amont par le rapport Bouchery de 1992, la loi Sapin vise une meilleure prévention et détection de la corruption chez les acteurs politiques, institutionnels mais également économiques avec un but de protection des entreprises françaises. Mettant en place le Service central de protection de la corruption (SCPC) par son article 1er, alinéa 3, cette loi

---

180 SANDHOLTZ Wayne, GRAY Mark M., « International Integration and National Corruption », *International Organization*, 57, Fall, 2003, pp. 761-800.

181 HUNAULT Michel (dir.), *La lutte contre la corruption, le blanchiment d'argent, la fraude fiscale*, Paris, Presses de Sciences Po, 2017, p. 41.

182 *Ibidem.*, p.41.

cherche à mettre en place des procédures de transparence sur tout ce qui fait le lien entre la sphère publique, et les collectivités locales en particulier, et la sphère privée, les entreprises. Elle met surtout l'accent sur la transparence du financement des campagnes électorales et des marchés publics bien trop souvent en proie au phénomène de corruption. Cette loi Sapin comprend par ailleurs plusieurs dispositions relatives aux délégations de service public (DSP) comme celles qui instituent une procédure de publicité et limitant la durée des DSP. Sur ce point, elle consacre les contrats de délégation de service public et les soumet à un régime juridique propre à la lutte anticorruption et y inclut sans distinction tous les services publics qui sont susceptibles d'être délégués ainsi que tous les contrats. Dans le cadre des différentes clauses contractuelles, la loi Sapin n'impose aucune durée déterminée mais elle fait part de l'exigence que cette dernière soit expressément fixée dans le contrat[183].

Consacrant l'action du législateur français dans la lutte anticorruption, cette loi Sapin du 29 janvier 1993 est riche en innovations et illustre parfaitement la conjoncture des années 1990 en France, très marquée sur le plan politique et judiciaire, ainsi que la volonté du Premier ministre Bérégovoy désigne la corruption comme un des trois maux qui minent la société française : « J'entends vider l'abcès de la corruption (...) je n'ai jamais hésité. Il en ira de même pour toutes les formes de corruption » qu'il faut guérir et prévenir »[184]. Il est devenu impératif de « proposer des mesures immédiates de de moralisation des opérations qui peuvent être sources de profits illicites »[185]. La commission présidée par Robert Bouchery se distingue en ins-

---

[183] Loi n°93-122 du 29 janvier 1993 relative à la prévention de la corruption et à la transparence de la vie économique et des procédures publiques, article 40, accessible sur le site internet Legifrance.gouv.fr :
https://www.legifrance.gouv.fr/affichTexteArticle.do;jsessionid=F09BE19B904929C1AD3306AD2D1E081C.tplgfr21s_1?idArticle=LEGIARTI000022189310&cidTexte=LEGITEXT000006080988&dateTexte=20200327

[184] Déclaration de politique générale de M. Pierre Bérégovoy, Premier ministre, sur le programme du gouvernement à l'Assemblée nationale, 8 avril 1992.

[185] Rapport au Premier ministre de la Commission de prévention de la corruption présidée par Robert Bouchery, La documentation française, 1992, p.17.

crivant les mesures de moralisation publique dans une démarche beaucoup plus large de lutte contre la corruption et se livre, dans son rapport de 1992 préfigurant la loi Sapin du 29 janvier 1993, à une analyse détaillée des procédures qui se prêtent notoirement aux financements occultes. Cette commission a aussi pour mandat de réfléchir sur de nouveaux instruments d'information et de contrôle de la corruption dans la vie politique et institutionnelle. Cette commission et ce rapport Bouchery témoignent ainsi d'une véritable volonté du législateur français d'agir contre le phénomène de corruption affectant dangereusement les institutions politiques et républicaines françaises.

Au-delà de ces dispositions, il convient d'observer une volonté de « professionnaliser » l'action de la justice en fournissant aux parquets des objectifs de politique pénale ainsi qu'en leur fournissant des outils de travail, synthétisant le maquis judiciaire des règles applicables et décrivant les principaux moyens de contournement des règles qui ont été identifiés[186]. L'action du législateur va se poursuivre au cours des années 1990 comme l'illustrent les lois sur le patrimoine des élus et les incompatibilités (19 janvier 1995), sur le financement de la vie politique (19 janvier 1995) et sur les « marchés publics et délégations de service public » (8 février 1995). Ces lois viennent compléter les dispositions prévues par la loi Sapin. Dans son article 8, la loi du 8 février 1995 a ajouté un article 49-1 à la loi Sapin afin de limiter la pratique des avenants au contrat initial pouvant faire échapper cette procédure à la publicité ou à la mise en concurrence. La loi du 19 janvier 1995 sur le financement de la vie politique a interdit à toute personne morale (entreprise, association) de participer au financement de la campagne d'un candidat ou de contribuer au financement d'un parti. Préparées directement en amont par les rapports issus des commissions Rozès pour « améliorer la lutte contre la corruption » et Séguin sur la « clarification des rapports entre la politique et l'argent », les lois de 1995 ont permis d'améliorer les contrôles exercés par les juridictions financières notamment en

[186] LASCOUMES Pierre, *Corruptions*, Paris, Presses de Sciences Po, 1999, p.155.

ce qui concerne les comptes des délégations de service public. Elles ont aussi participé à renforcer la répression pénale contre les infractions de corruption.

De 1988 à 1995, on peut ainsi observer que six lois ont été votées par le Parlement afin d'organiser un cadre juridique pour les partis politiques et les campagnes électorales propre à la transparence et à la lutte contre la corruption. L'affichage politique a été fort et des réformes structurelles ont été amorcées, néanmoins, les résistances, les allers et retours, les ambivalences n'ont pas manqué dans la sphère politique et institutionnelle témoignant ainsi des incertitudes qui caractérisent encore l'action publique en ce domaine et conduisent à se demander jusqu'où peuvent aller l'autodiscipline du système politique et la capacité de l'État à s'auto-réformer[187].

Il est, par ailleurs, relativement important pour situer ces réformes introduites par le législateur français de les saisir dans les dynamiques européennes et internationales présentes à cette époque. La convention OCDE du 17 décembre 1997 consacrée à la lutte contre la corruption d'agents publics étrangers dans les transactions internationales, a été soutenue et ratifiée par la France le 31 juillet 2000. Ses dispositions s'appliquent à la France à partir de la même année. Ayant eu un rôle actif dans l'élaboration de cette Convention, la France a aussi soutenu et ratifié la convention pénale sur la corruption du Conseil de l'Europe du 27 Janvier 1999 donnant notamment naissance au Groupe d'États contre la corruption ou GRECO dont fait activement partie la France.

La lutte anticorruption entre ainsi largement en compte dans l'action du législateur français dans les années 1990 sur ces dynamiques européennes et internationales. Cette action va continuer de s'intensifier au cours des années 2000-2010 avec des nouvelles dispositions renforçant l'arsenal législatif français en matière de lutte anticorruption désormais au centre des préoccupations morales, politiques et financières des grands acteurs internationaux. Cette lutte constitue véritablement le produit d'une préoccupation morale selon laquelle la cible visée, la corruption est un mal absolu qui sape simultanément les

---

[187] *Ibidem.*, p.130.

fondements de la démocratie, de l'État de droit, de l'économie de marché et entrave, *in fine*, le développement de l'espèce humaine[188].

§ 2. La consolidation de l'arsenal législatif français à l'issue des années 2000

L'action du législateur français s'est profondément intensifiée notamment avec de nouvelles affaires et scandales politico-financiers qui se sont multipliés à la fin des années 2000 et début des années 2010 comme celui du Médiator ou encore l'important scandale de fraude fiscale du ministre du budget Jérôme Cahuzac en 2013. Ce contexte a entraîné un second renforcement de l'arsenal législatif, après les années 1990, dans la lutte contre la corruption avec l'établissement d'un nouveau paradigme : celui de la transparence.

Dans son action, le législateur français a également suivi l'évolution de la lutte anticorruption qui s'est intensifiée dans la communauté internationale notamment avec la Convention des Nations Unies contre la corruption adoptée par la résolution 58/4 de l'Assemblée générale du 31 octobre 2003 débouchant sur la signature de cette convention par 114 pays à Mérida, au Mexique, le 9 décembre 2003.

Le législateur français a transposé en droit interne la Convention OCDE sur la lutte contre la corruption de 1997 par la loi n°2000-595 du 30 septembre 2000 modifiant le Code pénal ainsi que le Code de procédure pénale. Pour rappel, la Convention OCDE de 1997 a défini l'infraction de corruption des agents publics étrangers en posant le principe d'une responsabilité des personnes morales en cas de corruption d'un agent public étranger. Elle a également disposé que la corruption devait être pénalement sanctionnée dans les États parties à la convention et a aussi mis en place un cadre propre à adapter concernant la compétence des États parties en matière de lutte anticorruption. La Convention OCDE a, par ailleurs, énoncé plusieurs

---

[188] FAVAREL-GARRIGUES Gilles, « La lutte anticorruption, de l'unanisme internationale aux priorités intérieures », *Droit et société*, vol. 72, n° 2, 2009, p. 277.

règles relatives aux enquêtes, à la prescription, à l'entraide judiciaire entre États parties, à l'extradition et au suivi de la mise en œuvre et du respect de la convention. La loi relative à la lutte contre la corruption, votée en 2000 par le législateur français, a été amendée et enrichie par la loi n°2007-1598 du 13 novembre 2007 également relative à la lutte contre la corruption. Le contexte des années 2000 dans le paysage législatif français est également marqué par la loi n°2001-1275 du 28 décembre 2001 de finances pour 2002 qui a abouti à la limitation des fonds spéciaux dont disposaient en liquide les ministres et dont les usages étaient incontrôlés. Une commission de vérification est désormais chargée d'examiner les dépenses faites sur les fonds spéciaux[189]. Le prisme de la transparence commence petit à petit à apparaître dans la lutte anticorruption menée en France.

La Convention des Nations Unies de 2003, dite de Mérida, a été ratifiée par la France, le 11 juillet 2005, avec l'autorisation consacrée par la loi n° 2005-743 du 4 juillet 2005. Cette convention marque un tournant dans lutte anticorruption internationale. En effet, elle constitue le tout premier instrument mondial de contrainte en matière de lutte anticorruption. Elle aborde toutes les questions de prévention, des incriminations, des règles de droit pénal et de procédure pénale à mettre en œuvre tout comme les règles d'assistance technique destinées à faciliter les poursuites judiciaires dans le cadre de cas de corruption transfrontalière, de coopération internationale ainsi que de restitution légitimes des avoirs acquis de manière illicite. Elle aborde également le sujet de la protection des victimes et d'échange des informations dans le cadre de la lutte anticorruption. Elle se focalise également sur la lutte contre le blanchiment et la fraude fiscale, infractions connexes à la corruption, en encourageant les institutions financières des États parties à surveiller les comptes de leurs clients et la mise en place de cellule de renseignements financiers telle que TRACFIN pour la France. Le domaine dans lequel la Convention de Mérida ap-

[189] Loi n°2001-1275 du 28 décembre 2001 de finances pour 2002, article 154, accessible sur Legifrance.gouv.fr :
https://www.legifrance.gouv.fr/affichTexteArticle.do?idArticle=LEGIARTI000037200990&cidTexte=JORFTEXT000000592233&dateTexte=20180715

porte le plus d'éléments en matière de lutte anticorruption reste la dimension de prévention de la corruption où est consacrée une véritable logique de coopération entre les États. En effet, la Convention de Mérida dispose que : « Les États parties collaborent, selon qu'il convient et conformément aux principes fondamentaux de leur système juridique, entre eux et avec les organisations régionales et internationales compétentes pour la promotion et la mise au point des mesures visées dans le présent article. Dans le cadre de cette collaboration, ils peuvent participer à des programmes et projets internationaux visant à prévenir la corruption »[190]. Cette convention ratifiée par la France l'oblige à renforcer son arsenal législatif en matière de lutte anticorruption bien que ce dernier réponde parfaitement aux dispositions de la convention comme celle d'avoir un organe au sein de son système juridique chargés de prévenir la corruption. « Chaque État partie fait en sorte, conformément aux principes fondamentaux de son système juridique, qu'existent un ou plusieurs organes, selon qu'il convient, chargé de prévenir la corruption par des moyens tels que : a) L'application des politiques visées à l'article 5 de la présente Convention et, s'il y a lieu, la supervision et la coordination de cette application ; b) L'accroissement et la diffusion des connaissances concernant la prévention de la corruption »[191]. Avec le Service central de prévention de la corruption (SCPC) mis en place par la loi Sapin du 29 janvier 1993, le législateur a plus ou moins anticipé les dispositions des conventions internationales et particulièrement de la Convention de Mérida marquant le paysage de la lutte anticorruption des années 2000.

La ratification des conventions internationales de l'OCDE en 2000 et de l'ONU en 2005 consacre l'action du législateur au cours des années 2000 également marquées par de nombreuses politico-financières impliquant la corruption à l'instar de l'affaire des cassettes Méry ou encore l'affaire des emplois-fictifs de la ville de Paris impliquant directement le Président de la

---

[190] Convention des Nations Unies contre la corruption, adoptée par la résolution 58/4 de l'Assemblée générale le 31 octobre 2003, chapitre II, article 5, al. 4, accessible sur Unodc.org : https://www.unodc.org/pdf/corruption/publications_unodc_convention-f.pdf

[191] *Ibidem.*, article 6, al.1.

République en fonction, Jacques Chirac. Les scandales du médicament Mediator, de l'affaire Woerth-Bettencourt en 2010 ainsi que l'affaire impliquant le ministre du Budget Jérôme Cahuzac de 2013, mêlant conflits d'intérêts, concussions et détournement d'argent, ont poussé le législateur à renforcer davantage l'arsenal législatif français en introduisant de nouvelles mesures et sanctions répressives notamment à l'égard des acteurs politiques et institutionnels, garants du modèle démocratique français. Les années 2010 voient de nouvelles avancées significatives dans le tableau législatif français. De 2012 à 2017, plusieurs lois vont venir mettre en œuvre de nouveaux outils opérationnels pour lutter contre la corruption et promouvoir la transparence de la vie publique. La transparence commence à apparaître comme un nouveau paradigme de lutte contre la corruption et les atteintes à la probité publique. La commission de rénovation et de déontologie de la vie publique, dite commission Jospin, a été créée le 16 juillet 2012 par le Président de la République François Hollande afin de réfléchir à une réforme de la vie publique notamment fondée sur la transparence et le respect de la probité publique. Parmi les 35 propositions avancées dans le rapport de cette commission, préfigurant certains projets de lois de 2013, certaines de ces propositions visaient à amoindrir les risques de corruption, telles que ceux liés au cumul des mandats et plus spécifiquement au cumul de mandat ministériel avec un mandat local ou un mandat parlementaire avec un mandat exécutif local.

En 2013, est votée, le 11 octobre, la loi n°2013-907 relative à la transparence de la vie publique ainsi que la loi organique n° 2013-906. Ces lois consacrent l'instauration de la Haute Autorité de la Transparence pour la Vie Publique (HATVP) notamment chargée d'assurer la prévention des conflits d'intérêts des élus et hauts fonctionnaires en contrôlant leur déclaration d'intérêts et de patrimoine. La même année, le législateur institue, par la loi n°2013-1117 du 6 décembre 2013 relative à la lutte contre la corruption et la délinquance économique et financière, le Parquet National Financier ainsi que l'Office Central de Lutte contre la Corruption et les Infractions Financières et Fiscales, crée par le décret n°2013-960 du 25 octobre 2013. Ces nouveaux organes, établis par le législateur, sont chargés de mener les enquêtes sur les faits de corruption les plus complexes échappant aux juridictions communes et laissant prospérer la problématique « zone grise » que mettent notamment en avant les travaux d'Arnold Heidenheimer et de Pierre Lascoumes. Par ces lois, le législateur français cherche à préserver les institutions politiques nationales du fléau de la corruption entachant sérieusement le modèle démocratique.

Concernant les collectivités territoriales, la loi n°2015-991 du 7 août 2015 portant la nouvelle organisation territoriale de la République, communément appelée loi NOTRe, en date du 7 août 2015, parvient à davantage renforcer les obligations de transparence budgétaire et financière des collectivités. Cette loi permet, en effet, l'ouverture des données ou open data concernant les différentes collectivités locales en impliquant ces dernières à mettre à disposition leurs principales données comptables ou de marchés publics. La même année, la loi n° 2015-366 du 31 mars 2015 intègre la charte de l'élu local au Code général des collectivités territoriales. Cette charte définit les principes déontologiques encadrant l'exercice du mandat des élus des collectivité et est notamment lue dans le cadre de l'installation d'une nouvelle assemblée délibérante et est remise à chaque conseiller des élus. L'action du législateur apparaît ainsi se poursuivre en matière de lutte anticorruption et de quête de respect de la vie publique comme en témoigne également la loi n°2016-483 du 20 avril 2016 relative à la déontologie et aux droits et obligations des fonctionnaires. Cette loi vient consacrer les principes de probité et d'intégrité des agents publics et prévoit notamment la désignation de référents déontologues dans la fonction publique[192]. Une optique déontologique commence à être mise en œuvre par le législateur dans le paysage politique et institutionnel du pays afin de mieux lutter contre la corruption et les atteintes à la probité publique.

En 2016, le législateur consacre une avancée importante en matière de lutte anticorruption avec la loi Sapin 2 (n°2016-

[192] Loi n°2016-483 du 20 avril 2016 relative à la déontologie et aux droits et obligations des fonctionnaires, article 3, accessible sur Legifrance.gouv.fr : https://www.legifrance.gouv.fr/affichTexte.do?cidTexte=JORFTEXT000032433852&categorieLien=id

1691) du 9 décembre 2016 relative à la transparence, à la lutte contre la corruption et à la modernisation de la vie économique créant l'Agence française anticorruption (AFA) qui vient remplacer le Service central de prévention de la corruption (SCPC). Cette loi vient renforcer la prévoyance et la détection de la corruption ainsi que la sévérité de la sanction pour cette infraction. Pour terminer sur l'action du législateur français au cours des années 2010, ce dernier a adopté, le 15 septembre 2017, les lois ordinaire (n° 2017-1339) et organique (n°2017-1338) pour la confiance dans la vie publique venant renforcer l'ensemble des obligations déontologiques des membres du gouvernement et du parlement et également mettre au jour des peines obligatoires d'inéligibilité en cas d'infraction à la probité.

Le législateur français, prenant parfaitement compte des recommandations des conventions des organismes internationaux à fin des années 1999 et au début des années 2000, renforce ainsi davantage son arsenal législatif en matière de lutte contre la corruption et surtout d'atteinte à la probité publique. Le prisme de la transparence commence à se généraliser au cours des années 2000 et s'amplifie dans les années 2010 où le législateur adopte de nombreuses lois relatives à ce but précis de lutte contre la corruption dans les institutions politiques et républicaines.

SECTION 2. LES DISPOSITIFS ANTI-CORRUPTION LÉGISLATIFS RELIÉS À LEURS FAIBLESSES

Les renforcements de l'arsenal législatif opérés par le législateur français en matière de lutte anticorruption au cours des années 1990 et dans la suite des années 2000 et 2010 se sont accompagnés d'importants dispositifs législatifs anticorruption parfaitement destinés à lutter contre ce phénomène affectant négativement la vie politique et institutionnelle du pays et jouant sur son modèle de démocratie. À travers le Service central de prévention de la corruption (SCPC), établi par la loi Sapin du 29 janvier 1993, et l'Agence française anticorruption (AFA), mise en place par la loi Sapin 2 du 9 décembre 2016, l'action du législateur en matière de lutte anticorruption est parfaitement mise en lumière. Cependant, si ces dispositifs peuvent relever d'une certaine efficacité continuelle, il convient également de souligner qu'ils peuvent être en proie à plusieurs limites et faiblesses se reflétant notamment sur la lutte anticorruption menée en France.

§ 1. Du Service central de prévention de la corruption (SCPC) à l'Agence française anti-corruption (AFA) : une continuité dans l'efficacité ?

La loi Sapin du 29 janvier 1993, relative à la prévention de la corruption et à la transparence de la vie économique et des procédures publiques, a permis la mise en place d'un service interministériel, destiné à la prévention et à la lutte anticorruption, le Service central de prévention de la corruption (SCPC). Placé auprès du ministre de la justice, il est chargé, comme le précise l'article 1er de la loi, de centraliser les informations nécessaires à la détection et à la prévention des faits de corruption, qu'elle soit active ou passive, de trafic d'influence commis par des personnes exerçant une fonction publique ou bien par des particuliers, des faits de concussion, de prise illégale d'intérêts ainsi que d'atteinte à la liberté et à l'égalité des candidats dans les marchés public[193]. Il peut également prêter son concours, sur leur demande, aux autorités judiciaires qui sont saisies de faits de cette nature spécifique, et peut donner, sur la demande de ces autorités judiciaires, des avis sur les mesures susceptibles de prévenir de tels faits à diverses autorités administratives ainsi qu'aux maires, présidents de conseils généraux ou régionaux. Le décret du 22 février 1993 relatif au SCPC a fixé une liste exhaustive des autorités pouvant le saisir pour demande d'avis. En font partie : les ministres, les préfets ainsi que les élus locaux (maires, présidents de conseils généraux et régionaux, présidents d'établissements publics de collectivités territo-

---

[193] Loi n°93-122 du 29 janvier 1993 relative à la prévention de la corruption et à la transparence de la vie économique et des procédures publiques, article 1er, accessible sur Legifrance.gouv.fr : https://www.legifrance.gouv.fr/affichTexte.do?cidTexte=JORFTEXT000000711604&categorieLien=id

riales). Figurant dans les propositions du rapport Bouchery de 1992, le SCPC est conçu par la loi Sapin comme un service opérationnel destiné à mieux prévoir et encadrer la corruption avec, en théorie, d'importants pouvoirs d'investigation. Il est chargé de « centraliser les informations nécessaires à la détection de la corruption »[194]. Principal dispositif de lutte anticorruption mis en place par le législateur français prenant conscience, comme la communauté internationale, du danger que représente la corruption, le SCPC jouera un rôle en matière de lutte anticorruption en France jusqu'à son remplacement par l'Agence française anticorruption (AFA) mise en place avec la loi Sapin 2 (n°2016-1691) du 9 décembre 2016 relative à la transparence, à la lutte contre la corruption et à la modernisation de la vie économique.

Le SCPC se charge également de faire la synthèse des informations qu'il reçoit et peut contenir des propositions au gouvernement en matière de politique de prévention de la corruption et de remettre cette synthèse au Premier ministre ainsi qu'au Garde des Sceaux auquel il est rattaché. C'est également un service qui mène des actions de sensibilisation et de formation à la prévention de la corruption par l'intermédiaire d'échange d'information, d'aide à l'élaboration de codes éthiques et de bonne conduite pour les entreprises, des missions de formation ou encore par sa participation à divers groupes de travail avec des organisations professionnelles. Le but du SCPC est, sur ce point, de sécuriser l'action des entreprises française dans les pays n'ayant pas signé ou adopté la convention de l'OCDE de 1997. Le projet de loi Sapin a ainsi grandement anticipé les recommandations des organismes internationaux (Conseil de l'Europe, OCDE) qui préconisent la création d'organismes spécialisés par leurs conventions. Ces missions de formation et de sensibilisation à la prévention de la corruption sont notamment menées par le SCPC au sein des grandes écoles, telles que l'ENA, l'ENM, les IRA ou les écoles de police nationale notamment dans un but d'établir des cartogra-

[194] BADIE François, *La lutte contre la corruption : enjeux internationaux et réponse française, Rapport moral sur l'argent dans le monde*, Association d'Économie Financière, Rapport 2011-2012, p. 132.

phies des risques de corruption et de mettre en place des mécanismes et des dispositifs de détection et de prévention des cas de fraudes ainsi que des pratiques de corruption. Le SCPC a également travaillé avec la cellule du renseignement financier TRAFCIN, basée sur les dispositions du GAFI (Groupe d'action financière) chargé de lutter contre les circuits financiers clandestins et principalement contre le blanchiment d'argent et les revenus issus des trafics de drogues.

Le SCPC est un service qui a notamment développé une importante action internationale en étant notamment présent dans l'unité de coopération judiciaire de l'UE (Eurojust), dans le réseau de lutte contre la corruption (EACN), au sein du Conseil de l'Europe en faisant partie de la délégation française au sein du GRECO. Il fait également partie de l'Office des Nations unies contre la drogue et le crime (ONUDC) et a été habilité par la France, lors de la convention de Mérida de 2003, en tant qu'autorité française destinée à assister techniquement les États parties qui le demandent. Par l'intermédiaire de ce service, la France apparaît ainsi disponible pour offrir, aux États qui le souhaitent, toute son expertise et sa coopération afin d'augmenter l'efficacité des dispositifs internationaux de prévention et de lutte contre la corruption[195], et peut potentiellement mieux lutter contre cette dernière au sein de son propre territoire.

Néanmoins, malgré ses actions et ses participations au niveau international, le SCPC ne semble pas apparaître comme un service relevant d'une si grande efficacité en matière de lutte anticorruption. À vrai dire, le SCPC a joué un rôle essentiellement préventif et n'a pas réellement disposé des moyens d'investigation qui lui auraient permis de se faire communiquer tous les documents qu'il aurait souhaité[196]. Bien que sa mission première soit de centraliser et d'exploiter toutes les informations destinées à la prévention de la corruption, dès que ces informations mettent en évidence des faits susceptibles de

---

[195] BENAICHE Lionel, « La prévention de la corruption en France », dans Marcel GUENOUN et Jean-François ADRIAN (dir.), *L'éthique de la gestion publique – Stratégies nationales et internationales de prévention de la corruption,* Paris, IGPDE, 2016, p. 131.
[196] *Ibidem.*, p. 124.

constituer une infraction, il en saisit le procureur de la République compétent, en application de l'article 40, alinéa 2 du Code de Procédure pénale[197]. Par ailleurs, le SCPC perd son caractère pleinement opérationnel et se retrouve relativement affaibli par la décision n°92-316 DC du Conseil constitutionnel du 20 janvier 1993 qui lui supprime les quelques moyens d'enquête que le SCPC détenait en raison d'un certain manque de garanties par rapport au respect de la liberté individuelle et du droit de propriété. Outre cette faiblesse, le SCPC est à l'origine de plusieurs controverses juridiques et de polémiques politiques dès sa création en 1993[198]. Le président de la Commission des lois de l'Assemblée nationale Pierre Mazeaud résume l'essentiel du problème du SCPC lorsqu'il déclare qu'il est « un être hybride, mi-administratif, mi-judiciaire, que le Conseil constitutionnel s'est empressé de rendre manchot »[199]. En effet, le SCPC ne dispose pas des caractéristiques propres d'une autorité administrative indépendante dotée pleinement d'un pouvoir de contrôle et d'enquête, et constitue une structure administrative « placée auprès du ministère de la Justice ». Bien que le service soit dirigé par un magistrat de l'ordre judiciaire et soit composé de magistrats des ordres judiciaire, financier ou bien administratif, cet organisme n'a pas réellement trouvé sa place au sein de l'appareil gouvernemental et le ministère de la Justice ne sait pas très bien comment en justifier l'utilité, tout en considérant que sa suppression est aujourd'hui politiquement impensable[200]. Ainsi concrètement, le SCPC ne disposerait que de peu de pouvoir et d'une légitimité faible dans le cadre de lutte anticorruption menée en France au niveau politique et institutionnel alors qu'il a été mis en place pour augmenter l'efficacité des dispositifs de détection et de prévention de la corruption notamment à l'échelle internationale. S'il peut faire

[197] *Ibid.*, p. 125.
[198] LASCOUMES Pierre, *Corruptions*, *op.cit.*, p. 131.
[199] MAZEAUD Pierre, « À quoi sert le SCPC ? », Le Monde, 29/09/1995, accessible sur LeMonde.fr : https://www.lemonde.fr/archives/article/1995/09/29/a-quoi-sert-le-scpc_3856438_1819218.html
[200] LASCOUMES Pierre, *Corruptions*, *op. cit.*, p. 131.

preuve d'une certaine efficacité dans l'optique de lutte anticorruption, cette dernière pourrait être grandement améliorée.

L'Agence française de lutte anticorruption (AFA), mise en place par la loi Sapin 2 du 9 décembre 2016, deux décennies plus tard après la loi Sapin de 1993, vise justement à améliorer l'efficacité de la lutte anticorruption en France notamment après les récents scandales qui ont fortement impactés la vie politique et institutionnelle du pays. Instituée par les articles 1 à 5 de la loi Sapin 2, l'AFA a pour mission essentielle « d'aider les autorités compétentes et les personnes qui y sont confrontées à prévenir et à détecter les faits de corruption, de trafic d'influence, de concussion, de prise illégale d'intérêt, de détournement de fonds publics et de favoritisme »[201]. Dirigée par un magistrat de l'ordre judiciaire se situant en dehors de la hiérarchie et nommé par voie de décret du Président de la République pour une durée de 6 ans non renouvelable, l'AFA vient remplacer le Service central de prévention de la corruption (SCPC). Placée au sein du ministère de la Justice et du ministère du Budget, elle dispose à la fois d'un pouvoir préventif et d'un pouvoir répressif. Au niveau préventif, elle a pour mission d'élaborer des plans de recommandations pour aider les entreprises à anticiper les actes de corruption. Au niveau répressif, l'AFA exerce un pouvoir administratif de contrôle de la qualité et de l'efficacité des mécanismes de conformité anticorruption mis en place au sein des entreprises, des administrations de l'État ainsi que des collectivités territoriales comme en dispose l'article 3 de la loi. En cas de violation des règles établies pour limiter la corruption, l'AFA peut prononcer des sanctions pécuniaires allant jusqu'à 200 000 euros pour les personnes physiques et 1 million d'euros pour les personnes morales, le tout avec une possibilité de publication de ces sanctions. Concernant le volet des sanctions, il convient notamment d'évoquer la sanction de non-conformité aux règles prudentielles qui intègre d'ailleurs la notion d'efforts réalisés par l'entreprise et ne portant pas sur l'infraction de corruption

[201] Loi n°2016-1691 du 9 décembre 2016 relative à la transparence, à la lutte contre la corruption et à la modernisation de la vie économique, article 1er, accessible sur Legifrance.gouv.fr : https://www.legifrance.gouv.fr/affichTexte.do?cidTexte=JORFTEXT000033558528&categorieLien=id

en tant que telle mais précisément sur la méconnaissance des règles de conformité anticorruption de cette entreprise.

Le but étant de sanctionner la non-application des règles visant à éluder ou à diminuer le risque de commission d'une atteinte à la probité recoupant parfaitement les visées expressives et préventives du droit pénal[202]. L'article 4 de la loi Sapin 2 traite des différents pouvoirs des agents de l'AFA chargés de procéder sur place à la vérification de l'exactitude des informations fournies et peuvent s'entourer d'experts, d'autorités qualifiées mais astreints au secret professionnel. Le secret constituant un élément récurrent dans la loi qui tente de le faire cohabiter avec la transparence, il fait prendre de sérieuses mesures punitives en cas d'entrave de l'action des agents allant jusqu'à 30 000 euros d'amende. L'article 5 de la même loi énonce les dispositions relatives aux effets de passage du SCPC à l'AFA avec une transmission des informations nécessaires à l'exercice des missions de cette nouvelle agence.

La création de cette Agence française anticorruption par la loi Sapin 2 de 2016 est la continuité du combat mené par le législateur français lors des années 1990 avec la loi Sapin de 1993 instituant le SCPC. Cependant, cette agence se constitue comme un dispositif qui compte aller beaucoup plus loin que le SCPC comme le confirme, d'ailleurs à juste titre, son sous-directeur, Renaud Jaune : « En effet, avec la loi Sapin II et la création de l'AFA le dispositif anti-corruption de la France a évolué pour gagner en efficacité. Il est impératif de limiter la corruption transnationale et de faire remonter la note de la France sur ces critères auprès de l'OCDE sans quoi cela pourrait nuire à terme au développement des activités commerciales des entreprises françaises avec des entreprises issues de pays plus en avance et plus exigeants en matière de lutte anti-corruption »[203]. L'AFA

[202] BOURSIER Marie-Emma, « Se conformer : l'obligation de prévention et de détection : des risques de corruption imposée aux entreprises par la loi du 9 décembre 2016 », dans Jean-Marie BRIGANT (dir.), *Le risque de corruption*, Paris, Dalloz, 2018, p. 41.

[203] GEORGE Camille, « L'AFA, autorité de contrôle mais aussi organe de conseil pour les acheteurs », Décision-Achats.fr, 12/04/ 2018, accessible sur Décision-Achats.fr : https://www.decision-achats.fr/Thematique/strategie-

est une agence destinée à sanctionner. Le paysage de l'anticorruption évoluant sur l'idée que la législation pénale ne peut jamais suffire pour faire régresser la corruption, il convient désormais d'officialiser une mobilisation de la société civile[204]. L'AFA garantit, par ailleurs, une parfaite unité de doctrine entre le plus haut sommet de l'organisation et sa base et élimine également les éventuels risques de corruption systémique, dont parle Yves Mény, et ainsi tous les risques pour les dirigeants ou l'entreprise d'être poursuivis pour des actes auxquels ils sont étrangers[205]. Cette agence est issue d'une nouvelle stratégie nationale anticorruption mis en place par le législateur souhaitant redoubler d'efforts pour lutter contre ce fléau. Le décret du 14 mars 2017 pris pour l'application de la loi Sapin 2 confie d'ailleurs à l'agence l'importante mission d'élaborer un plan national pour la prévention des atteintes aux devoirs de probité.

Dans le cadre de ses missions, l'Agence est également expressément tenue d'aviser le procureur de la République d'infractions qu'elle pourrait détecter. Il est important de noter, comme le rappelle son directeur Charles Duchaine, que cette agence n'exerce pas de missions de police judiciaire. Elle n'est pas non plus un service d'enquête de police ou de gendarmerie. Elle ne dispose pas, par ailleurs, de pouvoirs de coercition tels que la perquisition ou bien la garde à vue. Ses missions de contrôle sont donc des missions de police administrative de vérification de la qualité et de la conformité des dispositifs de prévention de la corruption[206]. Les missions de l'AFA consistent également et précisément au contrôle de l'obligation de mise en place d'un programme de prévention de la corruption au sein de l'entreprise comme en dispose l'article 17 de la loi Sapin 2 et participent à la nouvelle peine de mise en conformité

---

achats-1236/Breves/AFA-autorite-controle-mais-aussi-organe-conseil-acheteurs-329802.htm

[204] JAUNE Renaud, « L'AFA, une agence qui sanctionne », dans Jean-Marie BRIGANT (dir.), *Le risque de corruption*, *op. cit.*, p. 15.

[205] *Ibidem.*, p.17.

[206] DUCHAINE Charles, « Pourquoi une agence anti-corruption ? », Cour en ligne (MOOC CNFPT) « Corruption, favoritisme, détournement de fonds…comment les prévenir dans la gestion publique locale ? », Septembre 2018.

en cas de défaillance dans sa mise en place comme le précise l'article 131-39-2 du nouveau Code de Procédure pénale. Ses missions participent aussi à veiller au respect de la loi n°68-678 du 26 juillet 1968 également appelée « loi de blocage » relative à la communication de documents et renseignements d'ordre économique, commercial, industriel, financier ou technique à des personnes physiques ou morales étrangères. Ce qui est notablement différent avec le SCPC, c'est surtout que les agents de l'AFA ont un réel pouvoir d'enquête et peuvent procéder sur place aux vérifications portant sur l'exactitude des informations fournies ainsi qu'entendre toute personne dont le concours peut leur paraître nécessaire. Ces agents possèdent également un droit de communication envers les représentants de l'entité contrôlée relatif à tout document professionnel induisant une nécessaire communication entre l'entité soumise au contrôle et l'AFA qui travaille aussi, comme le SCPC, avec la cellule TRACFIN destinée à la lutte contre le blanchiment d'argent et les circuits financiers illicites. Venant combler les manques du SCPC, L'AFA constitue ainsi un important dispositif de lutte anticorruption mis en place par le législateur français cherchant à faire valoir la transparence dans la vie politique, institutionnelle et démocratique du pays qui est remis en cause tout comme son avenir par l'hydre de corruption. Son efficacité reste cependant à mesurer en raison de son instauration récente[207].

§ 2. La Haute Autorité de la Transparence pour la Vie Publique (HATVP) et le Parquet national financier (PNF) : vers une généralisation de la transparence ?

Dans un contexte marqué par les affaires du Médiator (2010), Bettencourt (2010) ou encore Cahuzac (2013), précédemment mentionnées, le législateur français a entrepris l'établissement de nouvelles autorités chargées de garantir la transparence dans la vie politique et institutionnelle et de pro-

[207] ROLLAND Christophe, « Création de l'AFA par la loi Sapin 2 : quels moyens pour quelles actions ? », dans Maud LÉNA et Erwan ROYER (coord.), Anticorruption – la loi Sapin 2 en application, *Dalloz Grand Angle*, 2018, p.16.

mouvoir la probité publique. Mise en place avec la loi n°2013-907 du 11 octobre 2013 relative à la transparence de la vie publique et la loi organique n° 2013-906 du même jour, la Haute Autorité de la Transparence pour la Vie Publique (HATVP) est chargée de promouvoir la probité ainsi que le devoir d'exemplarité des responsables publics, politiques comme institutionnels. La loi n° 2013-1117 du 6 décembre 2013 relative à la lutte contre la fraude fiscale et la grande délinquance économique et financière a permis l'établissement du Parquet national financier (PNF) répondant à une politique publique générale de transparence et de lutte contre les plus graves formes de fraudes aux finances publiques et contre les atteintes à la probité publique. L'émergence de ces deux organes illustre clairement la volonté du législateur français de lutter au mieux contre la corruption et les atteintes à la probité publique menaçant la démocratie.

La HATVP, qui est une autorité administrative indépendante[208], est également en charge de contrôler, conjointement avec l'administration fiscale, et de publier, les déclarations de situation patrimoniale et les déclarations d'intérêts de certains élus tels que les membres du gouvernement, les collaborateurs et encore les dirigeants d'organismes publics. Elle peut également être consultée par tous les élus sur des questions de déontologie et de conflit d'intérêts relatifs à l'exercice de leur fonction et émettre des recommandations à la demande du Premier ministre ou de sa propre initiative comme le prévoit l'article 20 de la loi n°2013-907 du 11 octobre 2013. L'adoption de ces lois sur la transparence d'octobre 2013 et l'apparition de cette nouvelle autorité font entrer la France dans une toute nouvelle phase de modernisation de sa vie publique fondée sur l'assainissement de cette dernière. Près de vingt-cinq ans après la première loi sur la transparence financière, le législateur français a décidé que la promotion de l'intégrité publique devait constituer une politique publique à part entière devant être con-

---

[208] Loi n°2013-907 du 11 octobre 2013 relative à la transparence de la vie publique, article 19, accessible sur Legifrance.gouv.fr : https://www.legifrance.gouv.fr/affichTexte.do?cidTexte=JORFTEXT000028056315&categorieLien=id

fiée à une autorité administrative totalement indépendante et dotée de moyens plus efficaces que la Commission pour la transparence financière que la HATVP remplace depuis le 20 décembre 2013.

Les missions de cette nouvelle autorité sont en pleine expansion depuis 2013 où près de 15 000 responsables publics doivent faire parvenir à la HATVP des déclarations de situation patrimoniale et d'intérêts lorsqu'ils exercent un nouveau mandat ou une nouvelle fonction politique. Comme le prévoit la loi du 11 octobre 2013, les déclarants sont principalement des hauts responsables politiques français et des élus. Les membres du gouvernement, les députés, les sénateurs ou encore les représentants français au Parlement européen font partie de ces déclarants à la HATVP qui exerce une importante mission de contrôle patrimonial. Les services de la Haute Autorité disposent d'importants moyens d'enquête pour détecter les omissions et les sous-évaluations et se focalisent également sur la recherche des variations inexpliquées du patrimoine de ces responsables publics notamment afin de prévenir tout enrichissement illicite. La mise en place de cette Haute Autorité par le législateur français généralise le concept de transparence dans la vie politique et institutionnelle du pays et constitue un élément supplémentaire pour prévenir et lutter contre la corruption des acteurs publics allant de pair avec l'enrichissement illicite. La HATVP peut aussi bénéficier de l'appui de l'administration fiscale qui peut lui communiquer les éléments dont elle dispose ou bien les obtenir de la part d'autres personnes publiques ou privées via son droit de communication[209]. En lien avec la corruption, la HATVP se charge de détecter les conflits d'intérêts dont la définition est notamment rappelée à l'article 2 de la loi du 11 octobre 2013. Cette nouvelle autorité se charge également du contrôle du pantouflage et de la promotion de la transparence notamment grâce à la publicité d'un nombre important de déclarations, disponibles sur le site internet de la HATVP.

[209] GINOCCHI David, « Actualité du contrôle des déclarations de patrimoine et d'intérêt par la HATVP », dans Jean-Marie BRIGANT (dir.), *Le risque de corruption*, *op. cit.*, p. 23.

Néanmoins, malgré la mise en place de ce nouveau dispositif promouvant la transparence et l'assainissement de la vie publique et institutionnelle, des incertitudes sont persistantes quant aux personnes assujetties à l'instar des élus et de leur entourage, les agents publics et les magistrats ainsi que les organismes administratifs et les personnes privées. Si la loi n°2016-483 du 20 avril 2016 relative à la déontologie et aux droits et obligations des fonctionnaire étend à certains fonctionnaires, comme les militaires, certains fonctionnaires de l'État, des collectivités territoriales ou des hôpitaux, les obligations déclaratives à la HATVP, la modélisation imparfaite de ces déclarations déontologique constitue un important écueil au travail de la Haute Autorité[210]. La loi de 2013 précise que pour chaque catégorie de personnes soumises à une déclaration d'intérêts non transmise à la HATVP, un décret pris en Conseil d'État précise le modèle, le contenu ainsi que les conditions de remises, de mise à jour, de conservation et de consultation de la déclaration[211]. Malgré ces dispositions, nombreuses sont les affaires récurrentes, à l'instar de celle concernant M. Delevoye évoquée en introduction, qui relève de problèmes de déclaration d'intérêts. Si les lois de 2013 ont plutôt atteint leur objectif en érigeant la HATVP comme gardien de la déontologie publique, « beaucoup reste encore à faire » comme le confie son président, Jean-Louis Nadal dans un entretien à l'AFP : « En développant depuis plusieurs années une véritable politique publique de l'intégrité, la France a rattrapé son retard dans le concert des nations. Mais cela n'empêchera jamais que les responsables publics sont des êtres humains, et toute faiblesse ou dérive sont toujours possibles. Il suffit d'une ou deux pour qu'un sentiment de scepticisme revienne à la surface et que l'on entende le cantique affligeant des « tous pourris ». Il y a d'ailleurs un effort à faire

---

[210] KERLÉO Jean-François, « Les obligations de déclaration de patrimoine et d'intérêt », dans Jean-Marie BRIGANT (dir.), *Le risque de corruption*, *op. cit.*, p. 48.

[211] Loi n°2013-907 du 11 octobre 2013 relative à la transparence de la vie publique, article 2, accessible sur Legifrance.gouv.fr : https://www.legifrance.gouv.fr/affichTexte.do?cidTexte=JORFTEXT000028056315

en direction des citoyens pour que l'on explique cette culture de l'exemplarité. C'est nécessaire pour accéder à la confiance »[212].

Dans la continuité de la mise en place de la HATVP par le législateur, l'adoption par le Parlement de la loi n°2013-1117 du 6 décembre 2013, relative à la lutte contre la corruption et la délinquance économique et financière, a permis la création d'un procureur national financier siégeant au sein d'une nouvelle juridiction mise en place par les décrets d'application de la loi, le parquet national financier (PNF). Ce parquet est compétent pour une série d'infractions prévues aux articles 705 à 705-5 du Code de procédure pénale qui s'est vue élargir par la loi Sapin 2 incluant désormais les délits d'association de malfaiteurs ayant pour objet une infraction punie d'au moins 5 ans de prison. Le but est clairement d'accroître l'efficacité des poursuites et de rationaliser le traitement judiciaire. Le PNF est venu appuyer l'Office central de lutte contre les atteintes à la probité réunissant des enquêteurs spécialisés et représentent « la clé de voûte même de l'amélioration de la lutte contre la corruption et la délinquance économique et financière » selon la Garde des Sceaux, Christiane Taubira[213].

Ce parquet, nouvellement mis en place, échappe aux contraintes traditionnelles pour les infractions complexes avec le déploiement de magistrats ultra-spécialisés sur les contentieux. L'efficacité de ce parquet doit être le fruit d'une procédure rendue dans un délai raisonnable. La crédibilité de son action se doit par sa création justifiée à la vue du coût important de la fraude fiscale en France dans un contexte de crise récurrente. Il y a un véritable atout de la création du PNF en termes de coopération internationale et d'entraide pénale concernant les cas de délinquance financière et de corruption en raison de la meilleure coopération internationale permise par ce parquet. Il a d'ailleurs

---

[212] NADAL Jean-Louis, entretien mené par Anne-Pascal Reboul, AFP, 01/12/2019, accessible sur Hatvp.fr : https://www.hatvp.fr/presse/entretien-a-lafp-face-a-la-defiance-faire-de-la-hatvp-une-autorite-constitutionnelle-defend-son-president-2/

[213] Assemblée nationale, XIVème législature, session ordinaire 2013-2014, deuxième séance du 30 octobre 2013, présentation commune, accessible sur Assemblée-nationale.fr : http://www.assemblee-nationale.fr/14/cri/2013-2014/20140044.asp

suscité un vif intérêt du point de vue des autorités judiciaires étrangères. Le procureur national financier se voit doté de trois degrés de compétences : Une compétence exclusive pour les délits boursiers et une double concurrence avec les tribunaux de grande instance de droit commun pour les délits de corruption d'agents publics étrangers, les délits de corruption privée et de corruption en matière de paris sportifs. La compétence de ce parquet entend s'exercer sur l'ensemble du territoire national, ce qui constitue un gage de simplification mais qui pose néanmoins des problèmes de concurrence avec les autres juridictions nécessitant la mise en place d'arbitrage. Au niveau de sa méthode de jugement, chaque dossier est confié à 2 magistrats spécialisés afin d'assurer une meilleure connaissance des procédures. Son action est toutefois perfectible aux vues des complexités procédurales qui interviennent et des éventuels problèmes conflictualité de compétences avec les parquets généraux. Des doutes sur sa compétence ont émergé lors de l'affaire impliquant François Fillon en 2017 qui ne présentait pas sur le fond la « grande complexité » exigée par le premier alinéa de l'article 705 du Code de procédure pénale. Il convient de trouver des axes d'amélioration de ce Code notamment en articulant les procédures pénales et administratives en matière boursière ce qui a été accompli avec la loi 2016-819 du 21 juin 2016 ayant institué un mécanisme d'échange d'information pour choisir la voie la mieux adaptée. Quoiqu'il en soit, la création du parquet national financier s'inscrit, au regard du contexte, dans une finalité politique et pas exclusivement juridique. Se pose désormais la question de la délimitation de l'intervention judiciaire du PNF dans les affaires du même type que celle concernant M. Fillon où l'action de la procureure Éliane Houlette a été vivement critiquée. L'aspect politique du PNF lui est d'ailleurs souvent reproché par crainte de confusion avec le pouvoir judiciaire alors que l'organisation stricte de la séparation des pouvoirs, propre au modèle démocratique français doit prévaloir. Si la création du PNF permettait de mettre fin aux pratiques des quelconques parlementaires se faisant souvent les chantres de la probité, cela constituerait un immense progrès de la démocratie ainsi qu'une marque de justice[214].

Les créations de la Haute Autorité de la Transparence pour la Vie Publique (HATVP) ainsi que du Parquet national financier (PNF) par les lois de 2013 illustrent parfaitement l'action du législateur français dans la lutte contre la corruption qui constitue une exigence démocratique majeure en raison du mal que la corruption provoque au système démocratique. Ces institutions de lutte anticorruption généralisent petit à petit la transparence publique au sein du paysage politique et institutionnel français laissant augurer un avenir prometteur pour les institutions politiques et républicaines de la France.

---

[214] CÉRÉ Jean-Paul, « Corruption et enquête pénale en France. À la recherche d'une efficacité nouvelle avec la création d'un parquet national financier » dans Jean-Paul CÉRÉ et Carlos Eduardo JAPIASSU (dir.), *Corruption et droit pénal*, Paris, L'Harmattan, pp. 71-81.

CHAPITRE 2

L'action de la société civile dans la lutte anticorruption

Dans la lutte anticorruption, l'action du législateur ne doit pas faire oublier celle de la société civile qui s'organise pour détecter et prévenir les actes et pratiques de corruption émanant des acteurs politiques et institutionnels pour qui les citoyens éprouvent de plus en plus d'aversion. Désignée comme un ensemble d'acteurs citoyens, d'associations, de think-tanks, et divers autres groupes d'intérêts agissant au sein d'un pays, la société civile se caractérise par une dimension non gouvernementale et non lucrative ainsi que par des objectifs fondés sur l'intérêt général et le bien commun.

Prenant de plus en plus d'ampleur à l'issue des années 1990 et début des années 2000 avec le poids des conventions de l'OCDE (1997) et de l'ONU (2003), la société civile a su embrasser la nouvelle tendance de l'économie politique consistant à réduire l'intervention de l'État, et se mobiliser pleinement dans la lutte anticorruption. Cette société civile agissant contre la corruption illustre également la puissante volonté des citoyens de lutter contre cette dernière qui impacte leurs perceptions sociales ainsi que leurs jugements envers les acteurs politiques et institutionnels qui les représentent ainsi qu'à l'égard du monde politique en général comme cela a été expliqué plus haut. Du fait du niveau relativement élevé de perception de la corruption dans les milieux politiques et financiers, il aurait été logique de s'attendre à des réactions sociales fortes accompagnées d'une rigoureuse intransigeance poussant à exprimer une répressivité, justifiée tant par des arguments moralistes que légalistes[215]. Au cœur de cette société civile luttant contre le phénomène de corruption, l'action associative joue un rôle de premier plan comme le souligne le professeur Philippe Bonfils qui a insisté sur la difficulté venant de la répression effective des comportements de corruption ainsi que du problème de leur révélation[216]. Cette question de révélation des comportements de corruption permet de mettre en avant le combat des lanceurs d'alerte dans la lutte anticorruption qui requière une action prééminente de ces derniers.

SECTION 1. LE RÔLE DES ASSOCIATIONS ANTI-CORRUPTION EN FRANCE

Les associations de la société civile luttant contre la corruption ont vu leur rôle et leurs actions s'intensifier au cours de ces dernières décennies où certaines ont pris une telle ascendance qu'elles parviennent à influencer les décideurs publics dans leurs mises en œuvre de lois et dispositifs visant à lutter contre la corruption. Le cas de l'ONG *Transparency International*, évoquée en introduction, est parfaitement illustrateur de ce type d'associations de la société civile qui luttent contre la corruption et qui parviennent à trouver un écho chez les personnels politiques et institutionnels chargés de mettre en action les lois et dispositifs nécessaires dans ce combat contre la corruption. Cette maladie atteignant le modèle démocratique français en son cœur est également combattu avec acharnement par l'association Anticor, née au début des années 2000, et qui cherche par-dessus tout à promouvoir l'éthique et à restaurer la confiance au sein de la démocratie représentative française.

---

[215] TOMESCU-HATTO Odette, LASCOUMES Pierre, LE HAY Viviane, MICHELAT Guy, « Chapitre 8 : Les réactions sociales à la corruption : divulgation et système répressif », dans Pierre LASCOUMES (dir.), *Favoritisme et corruption à la française*, *op. cit.*, p. 219.

[216] BONFILS Philippe, « L'action associative et son rôle dans la lutte contre la corruption », dans Philippe BONFILS, Laurent MUCCHIELLI, Adrien ROUX (dir.), *Comprendre et lutter contre la corruption*, *op. cit.*, pp. 85-89.

§ 1. Les méthodes de la section française de *Transparency International*

Créée en 1993 par le juriste allemand Peter Eigen, ancien directeur régional de la Banque mondiale, l'organisation non gouvernementale transnationale *Transparency International* (TI) a fait de la lutte contre la corruption son principal objectif. C'est un mouvement mondial qui est animé par la vision d'un monde dans lequel les États, les entreprises, la société civile et les individus épargnés par la corruption sous toutes ses formes dans leur vie quotidienne. Durant ses premières années d'existence, l'objectif principal de TI est de faire émerger le sujet de la corruption à l'agenda international et décide de combiner une vision globale et nationale de la lutte contre la corruption, ce qui a entraîné la formation des *national chapters* ou sections nationales, au Danemark, en Équateur, en Allemagne, au Royaume-Uni et aux États-Unis[217].

En 1994, l'ONG connaît une première victoire avec l'adoption par l'OCDE d'une recommandation sur la corruption dans les transactions économiques internationales. En 1995, TI publie son premier indice de perception de la corruption (IPC) permettant de différencier les sondages et les études de perceptions des acteurs de la vie économique et publique sur les états du phénomène de corruption dans un pays donné. La même année, le secrétariat international de l'ONG, basé à Berlin, choisit de s'associer à *l'International Anti-Corruption Conference* qui est le premier forum mondial réunissant les acteurs de la société civile, les gouvernements ainsi que le secteur privé afin de relever les différents défis posés par le phénomène de corruption. Enfin, toujours la même année, la section française de l'ONG, *Transparency International France* (TIF), apparaît en France et permet de généraliser l'action de la société civile contre la corruption au sein du pays. TI connaît une rapide extension géographique avec la présence de près d'une cinquantaine de sections nationales vers la fin de 1997, et développe

---

217 LEBÈGUE Daniel, « Chapitre 1 : Lutte contre la corruption : quel rôle et quels moyens d'action pour la société civile ? L'exemple de Transparency International »,. dans Michel HUNAULT (dir.), *La lutte contre la corruption, le blanchiment, la fraude fiscale*, *op. cit.*, p. 43.

également une approche systémique pour lutter contre la corruption qui est, elle aussi, un phénomène systémique.

Des villages de l'Inde rurale jusqu'aux couloirs du pouvoir à Bruxelles, l'ONG donne la parole aux victimes et aux témoins de la corruption et collabore avec les gouvernements, les entreprises et les citoyens pour mettre fin aux abus de pouvoir, à la corruption et aux accords secrets[218]. TI connaît de nouveaux succès après la signature de la Convention de l'OCDE de 1997 sur la lutte contre la corruption faisant de la corruption, un délit international, et la signature de la Convention de Mérida des Nations Unies de 2003, vient renforcer la prévention et la répression de la corruption. Dans son mode de fonctionnement, TI utilise les données et les témoignages concrets recueillis de par le monde afin d'engager des actions de plaidoyer et d'amender les politiques publiques mises en œuvre par les États concernés[219]. L'ONG a d'ailleurs joué un rôle fondamental et pionnier en Europe à partir de 2009 en matière de plaidoyer, avec le GRECO et l'assemblée parlementaire du Conseil de l'Europe, ainsi que dans la protection des lanceurs d'alerte. Sur ce dernier point, par l'intermédiaire de la section française, TI est parvenu à constituer, à partir de 2014, un plaidoyer commun Bureau International du travail (BIT) en faveur du développement d'un statut international et européen du lanceur d'alerte dont il sera question par la suite.

Transparency International France est une association de type loi 1901 et comprend des membres individuels ainsi que des personnes morales. Organisée autour de l'organe de décision principal qu'est le conseil d'administration (CA) qui est composé de membres élus pour six ans par l'assemblée générale des membres, TIF est composée de membres possédant tous une expertise propre dans des domaines tels que l'administration, la finance ou les entreprises, domaines dans lesquels la corruption a le plus de chance de s'exercer. En matière de gouvernance

---

[218] Transparency International, « What is Transparency International ? », accessible sur Transparency.org: https://www.transparency.org/about

[219] LEBÈGUE Daniel, « Chapitre 1 : Lutte contre la corruption : quel rôle et quels moyens d'action pour la société civile ? L'exemple de Transparency International », dans Michel HUNAULT (dir.), *La lutte contre la corruption, le blanchiment, la fraude fiscale*, *op. cit.*, p. 46.

interne, TIF s'efforce d'adopter les meilleures pratiques de transparence associative, avec l'objectif de les faire constamment progresser, et d'apparaître ainsi exemplaire dans son domaine de prédilection qu'est la lutte anticorruption[220]. La section française s'engage ainsi à fonctionner sur le principe d'une véritable transparence qui se traduit notamment par la nomination d'un déontologue par le CA qui est chargé d'assurer une éthique exemplaire sur les différents problèmes posés à l'association comme le cas de ses sources de financement. Pour Daniel Lebègue, ancien directeur général de la Caisse des dépôts et ancien président de *Transparency International France* de 2003 à 2017, « TIF a pour objectif principal d'améliorer significativement la gouvernance publique et privée en France, en termes de transparence, d'intégrité et de redevabilité[221]. L'assurance de cet objectif « passe notamment par une action résolue de prévention et de lutte contre les différentes formes de corruption »[222]. En raison du manque de moyens financiers et d'investigations, durant ses premières années d'existence, TIF a choisi de se concentrer davantage sur des cas individuels bien précis de corruption, et d'appuyer le dialogue entre les entreprises et les décideurs publics afin d'influer sur la création institutionnelle et réglementaire de normes spécifiques visant à lutter contre la corruption.

L'action de la section française de *Transparency International* a commencé à s'organiser vers la fin des années 1990 autour de sa stratégie de communication avec *La Lettre de transparence*, diffusée chaque trimestre à près de 5 000 exemplaires. Cette lettre constitue un véritable instrument d'information et de sensibilisation à destination des décideurs publics comme privés. Malgré son handicap de fonctionnement lié à la persistance du mythe selon lequel l'ONG *Transparency International* serait en vérité une officine américaine cherchant à servir les intérêts commerciaux des États-Unis[223], la section

[220] *Ibidem.*, p. 51.
[221] *Ibid.*, p. 52.
[222] *Ibid.*, p. 52.
[223] Transparency International France, « Rapport d'activité – Année 2001 », accessible sur Transparency.org : https://www.transparency-france.org/wp-content/uploads/2016/05/rapport_d_activite_2001.pdf

française de cette ONG mène son action avec tous les moyens dont elle dispose et sait faire preuve d'innovation. Dès 2003, TIF s'engage dans une série de consultations, externes et internes, en communiquant notamment avec les autres ONG partageant leur expérience. Cet engagement a permis d'aboutir à l'adoption d'un plan très détaillé de trois ans allant de 2004 à 2006. Cette pratique de plans pluriannuels a d'ailleurs perduré comme peuvent en témoigner les adoptions des plans d'action stratégiques 2015-2017 et 2018-2020 actualisant les priorités et définissant les nouveaux moyens d'action afin d'augmenter l'efficience et l'efficacité de la lutte contre la corruption. Rapidement, TIF a pris une influence considérable dans la lutte anti-corruption en France ainsi qu'une plus grande visibilité notamment à l'issue de 2008 où l'association a déposé plainte contre trois chefs d'État africains pour recel de détournement de fonds publics dans le cadre de l'affaire dites des « biens mal acquis » (BMA). Venant également en aide aux lanceurs d'alerte via le Centre d'Assistance Juridique et d'Action Citoyenne (CAJAC), la section française de *Transparency International* s'inscrit progressivement en chef de file auprès du mouvement de lutte contre la corruption ainsi qu'auprès des instances et des organisation internationales ou européennes comme peut l'illustrer l'importance de la publication du rapport Système national d'intégrité (SNI) en 2011. La base de travail de ce rapport a inspiré de nombreuses recommandations dans le domaine de la prévention des conflits d'intérêts au sein de la vie publique, de l'encadrement de la pratique du lobbying ainsi que de la protection des lanceurs d'alerte. Les éléments de ce rapport ont également servi à l'élaboration du projet de loi sur la transparence de la vie publique d'avril 2013 en réaction à l'affaire scandaleuse de fraude fiscale impliquant le ministre du Budget, Jérôme Cahuzac. Les projets de lois élaborés par le Parlement ont repris, pour la plupart, des recommandations formulées par l'association suivant de très près les travaux du gouvernement ainsi que du Parlement et participant également aux divers débats sur le sujet de la transparence et de la lutte anticorruption.

Dans la synthèse des méthodes de la section française de *Transparency International*, Daniel Lebègue les regroupe en trois catégories[224] : 1) Les actions de sensibilisation des décideurs et du grand public ; 2) Les actions de plaidoyer et d'alerte ; 3) L'apport d'expertise et le soutien aux acteurs engagés. Sur les actions de sensibilisation, « TIF considère depuis toujours que l'information des citoyens, l'éveil des consciences et l'évolution des comportements sont des objectifs fondamentaux »[225]. La *Lettre de transparence*, diffusée depuis la fin des années 1990, a joué un rôle important dans ces objectifs de sensibilisation que l'association cherche à assurer notamment par le biais de multiples interventions dans les grandes écoles telles que Sciences Po, l'ENA ou l'ESSEC ainsi que par l'utilisation de la force des réseaux sociaux. Dans le cadre de ses actions de plaidoyer et d'alerte, TIF cherche à faire évoluer le paysage juridique et institutionnel de lutte contre la corruption. Sa stratégie de plaidoyer a porté ses fruits notamment lors de l'affaire impliquant M. Cahuzac où l'association est intervenue auprès des décideurs publics, dans les médias et sur les réseaux sociaux dans le but de mieux peser sur les projets du gouvernement et du Parlement pour protéger certains aspects de ces projets et pour en corriger d'autres. Dans sa dimension d'apport d'expertise et de soutien aux acteurs engagés, la section française de *Transparency International* est devenue un acteur de référence dans la lutte contre la corruption en France. Elle cherche sans arrêt à dialoguer avec les entreprises avec qui elle met aussi en place des partenariats le tout dans une détermination à faire reculer la corruption. L'association se base ainsi sur ces trois modes d'action précis avec toujours le même but, celui de lutter contre le phénomène de corruption.

Disposant de stratégies d'action établies sur le long terme, d'une capacité de financement en hausse constante ainsi que d'une grande visibilité, l'association est toujours en proie à de nouveaux défis afin d'améliorer son action de lutte contre la corruption qui affecte aujourd'hui dangereusement la démocratie française en étant un élément majeur de la crise de confiance et ainsi de la crise de représentativité. C'est précisément cette situation de crise démocratique que TIF cherche à résorber et

---

[224] *Ibid.*, pp. 56-64.
[225] *Ibid.*, p. 56.

son plan d'action 2015-2017 se calque entièrement sur cette ambition. Au cœur de ce plan d'action, l'association a décidé de placer trois priorités fondamentales : l'engagement des citoyens dans la lutte anticorruption, celui des responsables publics ainsi que celui des entreprises avec qui elle cherche à construire davantage de dialogue. Sur le point d'établir de nouvelles relations avec les entreprises, TIF déplore l'échec de la France dans la lutte contre la corruption internationale en raison du fait qu'aucune entreprise n'a fait l'objet d'une condamnation définitive sur le sol français. L'association suggère qu'une nouvelle forme de transaction pénale soit ajoutée au droit français dans le but d'appréhender les faits de délinquance économique et financière les plus complexes[226]. Si le travail de TIF commence à porter ses fruits notamment en raison du renforcement de l'arsenal législatif français depuis 2013 comme le reconnaît Daniel Lebègue, il reste cependant encore beaucoup à faire pour combattre la corruption en France et dans le monde[227].

§ 2. Les batailles d'Anticor contre le fléau de la corruption

L'action de *Transparency International France*, dans la lutte menée contre la corruption en France, se combine avec celle de l'association Anticor fondée en juin 2002 par le juge Éric Halphen et Séverine Tessier pour lutter contre la corruption et rétablir l'éthique en politique. Tout comme *Transparency International France*, Anticor est une association de type loi 1901 qui a pour objet principal « de mener des actions en vue de réhabiliter la démocratie représentative, de promouvoir l'éthique en politique, de lutter contre la corruption, la fraude fiscale ou toute autre atteinte à la probité tant sur le plan local, national et international »[228]. Outre cet objet, l'ambition de cette association est de réhabiliter le rapport de confiance fondamen-

---

[226] *Ibid.*, p. 70.
[227] *Ibid.*, p. 64.
[228] Anticor.org, « Statuts », article 1, accessible sur : https://www.anticor.org/presentation/statuts/

tal qui doit exister entre les citoyens et leurs représentants, politiques et administratifs[229].

Regroupant des citoyens ainsi que des élus de tous bords politiques, Anticor a mis en place une charte définissant un engagement éthique se voulant irréprochable et veille à ce que cette charte soit respectée par les élus et les fonctionnaires s'engageant au service de l'intérêt général. Cette charte éthique, par ses propositions et son contenu, montre clairement les ambitions et objectifs de l'association qui sont fondés principalement autour du prisme de la transparence comme en témoigne son préambule : « Tout adhérent exerçant une responsabilité dans l'association veille à la participation et à la consultation de tous. Il favorise la délibération collective. Il fait preuve de mesure dans sa communication. Il exerce sa responsabilité de manière transparente et désintéressée. Il promeut la transparence, l'exemplarité et la bienveillance dans l'association »[230]. La transparence apparaît ainsi comme le maître-mot de l'organisation d'Anticor tout comme son action qui a une vocation spécifique de sensibiliser le monde politique notamment par le biais de la prise de conscience du rôle actif des citoyens qu'ils ont à jouer dans le cadre de la lutte contre la corruption. Anticor veut mettre fin à la banalisation des affaires politico-judiciaires impliquant le champ de la corruption, et à la banalisation du phénomène de corruption fonctionnant de manière systémique dans la sphère politique et institutionnelle.

L'action de l'association passe par l'organisation de tables rondes ouvertes à tous sur des thèmes précis liés à la corruption, par la participation à des colloques sur le même objet, par la rédaction de nombreux articles de sensibilisation, par ses soumissions d'idées à l'Assemblée nationale ou au Sénat ainsi que par le fait de se constituer partie civile dans des affaires politico-judiciaires impliquant plusieurs acteurs politiques ou institutionnels de renom ainsi que le phénomène de corruption. Généralisant la pratique du lanceur d'alertes permettant de pré-

[229] Anticor.org, « Présentation », accessible sur : https://www.anticor.org/presentation/

[230] Anticor.org, « Charte relative à l'organisation de l'association Anticor », Préambule, accessible sur : https://www.anticor.org/presentation/charte-organisation-association/

venir des risques, des dangers ou des scandales dans le processus de lutte contre la corruption, Anticor s'implique dans de nombreuses affaires judiciaires avec le signalement au parquet des faits et actions susceptibles de recevoir une qualification pénale.

Comme évoqué précédemment, l'association s'est parfaitement illustrée lors du procès de Jacques Chirac, en septembre 2011, où elle a pu se constituer partie civile et orienter le débat vers la contradiction et porter à la connaissance du public l'existence de faits de corruption relativement graves impliquant l'ancien Président de la République. Les délits d'abus de confiance, de détournements de fonds publics et de prise illégale d'intérêts ont été établis à l'encontre de Jacques Chirac qui a réussi à bénéficier d'une relaxe formulée par le parquet de Paris statuant sur un non-lieu concernant ces délits. Malgré la demande de relaxe du parquet, Anticor a su capter l'attention du tribunal cherchant à montrer que la justice était la même pour tous et qui a également reconnu l'existence d'un système de corruption notant dans ce dossier le « mépris de l'intérêt général », « un manque au devoir de probité », au détriment des parisiens[231].

En plus du procès de Jacques Chirac, l'association s'est également constituée partie civile dans le cadre du volet financier de l'affaire politico-financière dite « affaire Karachi » en raison de l'attentat du 8 mai 2002 qui s'est déroulé dans la ville de Karachi, au Pakistan. Cette affaire concerne deux contrats d'armements signés au cours des années 1990, contrats dont les rétrocommissions auraient notamment servi à financer la campagne de l'ancien Premier ministre Édouard Balladur à l'élection présidentielle de 1995. Bien que sa participation en tant que partie civile fut, au départ, refusée par le parquet de Paris, elle a été finalement jugée recevable et validée par le juge Renaud Van Ruymbeke, le 12 janvier 2011. Les abus de biens sociaux correspondent aux rétrocommissions, ayant transité par

[231] Anticor.org, « Procès Chirac : Anticor se félicite d'une décision historique », 11/12/2011, accessible sur : https://www.anticor.org/2011/12/15/proces-chirac-anticor-se-felicite-dune-decision-historique/

un second réseau, « susceptibles d'avoir profité à des partis politiques, des campagnes électorales (en particulier celle de M. Balladur lors de l'élection présidentielle de 1995), voire des élus », note le juge. L'association Anticor entend réhabiliter l'éthique en politique. Donc, conclut le magistrat, « ces faits correspondent précisément à l'objet et l'activité de l'association ». Celle-ci, selon l'ordonnance, « apparaît ainsi subir un préjudice personnel et direct lié aux éventuelles rétro-commissions »[232].

Outre ses constitutions en partie civile lors de procès de grandes affaires politico-judiciaires, les batailles menées par l'association Anticor contre le phénomène de corruption se sont également déroulées par le biais de sévères plaintes adressées aux acteurs politiques et institutionnels soupçonnés de faits et pratiques de corruption comme ce fut le cas avec l'actuel président de l'Assemblée nationale, Richard Ferrand, mis en cause dès le mois de mai 2017, mois qui a vu l'élection d'Emmanuel Macron à la place de Président de la République. Durant ce mois de mai 2017, le *Canard Enchaîné* a révélé, qu'en 2011, Richard Ferrand aurait utilisé ses fonctions de directeur général des Mutuelles de Bretagne (MDB) pour permettre à sa compagne d'organiser une opération immobilière impliquant les travaux d'aménagement d'un centre de soin dans la ville de Brest. L'association a déposé une première plainte, le 31 mai 2017 et, le parquet de Brest a ouvert une enquête sur Richard Ferrand et ses actions lors de son ancien emploi aux Mutuelles de Bretagne qui créent la polémique à la suite des révélations du Canard Enchaîné. Cette enquête s'est conclue par un classement sans suite, le 13 octobre 2017. En sa qualité d'association agréée par le Ministre de la Justice, Anticor avait alors déposé une plainte avec constitution de partie civile devant le doyen des juges d'instruction du pôle financier de Paris, le 8 novembre 2017, pour prise illégale d'intérêts, recel de prise illégale d'intérêts, complicité de prise illégale d'intérêts et, accessoire-

[232] DAVET Gérard, « Karachi : l'association Anticor peut être partie civile, dit le juge Van Ruymbeke », Le Monde, 12/01/2011, accessible sur LeMonde.fr : https://www.lemonde.fr/societe/article/2011/01/12/karachi-l-association-anticor-peut-etre-partie-civile-dit-le-juge-van-ruymbeke_1464719_3224.html

ment, pour obstacle à la mission de contrôle du commissaire au compte[233] À la suite de cette nouvelle plainte, le Parquet national financier a décidé d'ouvrir une enquête en janvier 2018 et Richard Ferrand a été mis en examen, le 11 septembre 2019. L'issue de cette affaire permet de démontrer l'intérêt des associations de lutte contre la corruption. Sans l'association Anticor, M. Ferrand n'aurait sans doute pas eu à répondre de ses actes[234].

L'association a également déposé une plainte pour corruption passive, blanchiment d'argent et entrave à la justice, le 5 juin 2019, dans le volet russe de l'affaire impliquant l'ancien garde du corps du Président Macron, Alexandre Benalla. En se basant sur les révélations du journal Mediapart en date de janvier 2019[235] montrant qu'Alexandre Benalla avait bénéficié de contrats passés avec des sociétés russes par l'intermédiaire de sociétés écrans, pendant qu'il était en poste à l'Élysée, Anticor a saisi le Parquet national financier pour lui demander d'entreprendre toutes les diligences utiles à la manifestation de la vérité en ce qui concerne tous les événements relatifs aux processus de discussions, négociations et conclusions des contrats entre les sociétés écrans Mars, France Close Protection, les oligarques russes Iskander Makhmudov et Farkhad Akhmedov, ainsi que sur le rôle d'Alexandre Benalla dans cette entreprise de corruption[236].

Anticor a également déposé, devant le Parquet national financier, deux plaintes, les 1er et 8 août 2018, contre le secrétaire général de l'Élysée, Alexis Kohler, pour prise illégale d'intérêts, ainsi qu'une troisième plainte, le 19 mars 2019, pour

---

[233] Anticor.org, « Affaire des Mutuelles de Bretagne : mise en examen de Richard Ferrand », 12/09/2019, accessible sur : https://www.anticor.org/2019/09/12/affaire-des-mutuelles-de-bretagne-mise-en-examen-de-richard-ferrand/

[234] *Ibid.*

[235] ARFI Fabrice, ROUGET Antton, TURCHI Marine, « Les liens cachés de Benalla avec l'affaire du contrat russe », Mediapart, 16/01/2019, accessible sur Mediapart.fr : https://www.mediapart.fr/journal/france/160119/les-liens-caches-de-benalla-avec-l-affaire-du-contrat-russe

[236] Anticor.org, « Anticor dépose plainte dans le volet russe de l'affaire Benalla », 12/07/2019, accessible sur : https://www.anticor.org/2019/07/12/anticor-depose-plainte-dans-le-volet-russe-de-laffaire-benalla/

manquement à ses obligations de transparence dans le cadre de l'enquête portant sur des soupçons de conflits d'intérêts entre ses postes dans la haute fonction publique d'État et ses liens familiaux avec l'armateur italo-suisse MSC (*Mediterranea Shipping Company*). Ayant déposé ses premières plaintes contre Alexis Kohler, à la suite, encore une fois, des révélations du journal Mediapart entraînant l'ouverture d'une enquête préliminaire, l'association Anticor a décidé de déposer cette troisième plainte, avec constitution de partie civile, au titre de la déclaration du secrétaire général de l'Élysée à la Commission de déontologie de la fonction publique, en 2016, pour une demande de mise en disponibilité pour convenances personnelles, formalité soumise à la production d'une déclaration sur l'honneur précisant l'existence de faits susceptibles de placer le fonctionnaire en situation de conflit d'intérêts entre l'intérêt général de la nation et ses intérêts privés. Le problème est qu'Alexis Kohler n'a jamais révélé ses liens familiaux constants et permanents avec les dirigeants de la société MSC[237]. Avant le dépôt de cette troisième plainte, l'association avait aussi écrit, le 6 mars 2019, au président du Sénat, Gérard Larcher, à la suite du rapport de la Commission d'enquête sénatoriale sur l'affaire impliquant M. Benalla, pour que le parquet soit saisi et entretenu de certains témoignages mensongers dont celui d'Alexis Kohler.

Avec toutes ces batailles et combats judiciaires menés avec acharnement, l'association Anticor est rapidement devenue l'une des bêtes noires des responsables politiques et institutionnels soupçonnés ou mis en cause pour corruption[238]. Néanmoins, malgré son profond engagement, l'association fait l'objet de certaines critiques notamment émanant de membres de la majorité présidentielle La République en Marche (LREM) dénonçant sa politisation. Association qui « veut peser sur le

---

[237] Anticor.org, « Affaire Kohler : Anticor dépose une troisième plainte », 27/03/2019, accessible sur : https://www.anticor.org/2019/03/27/affaire-kohler-anticor-depose-une-troisieme-plainte/

[238] LELIÈVRE Adrien, « Anticor, l'association qui fait trembler les responsables politiques », Les Échos, 13/06/2018, accessible sur LesEchos.fr : https://www.lesechos.fr/2018/06/anticor-lassociation-qui-fait-trembler-les-responsables-politiques-996572

fonctionnement des institutions » pour le député LREM Gilles Le Gendre, ou « sorte de parquet privé » pour le président de l'Assemblée nationale, Richard Ferrrand[239], les critiques vis-à-vis d'Anticor fusent. Outre ces critiques, l'association connaît aussi ses propres limites en matière de lutte anticorruption avec de nombreuses affaires classés sans suites ou tombant dans l'oubli. C'est précisément pour éviter cela que l'association se porte partie civile à la suite d'un dépôt de plainte. « Si on ne porte pas plainte, il ne se passe rien » martèle le président d'Anticor, Jean-Christophe Picard, en janvier 2018, à propos de l'affaire impliquant Mathieu Gallet, l'ancien président de Radio France condamné à un an d'emprisonnement avec sursis et 20 000 euros d'amende pour délit de favoritisme lors de la passation de marchés publics quand il dirigeait l'INA[240]. Le président de l'association insiste, par ailleurs, dans son dernier ouvrage, sur la responsabilité des acteurs de la vie politique et institutionnelle dans la lutte contre la corruption, ainsi que de celle des candidats aux élections, des militants dans les partis politiques et des citoyens qui se doivent de faire preuve de « colère et de courage » pour aller vers une République éthique[241].

SECTION 2. LE *WHISTLEBLOWING* À LA FRANÇAISE : LE COMBAT DES LANCEURS D'ALERTE

Afin de répondre à cet appel lancé par le président d'Anticor, les personnes qui luttent contre la corruption, responsables politiques ou citoyens, peuvent recourir aux pratiques du *whistleblowing*, défini « comme le fait, pour un membre d'une

---

[239] LAURENT Samuel, « Anticor, une association accusée de « politisation », Le Monde, 18/09/2019, accessible sur LeMonde.fr : https://www.lemonde.fr/societe/article/2019/09/18/anticor-une-association-accusee-de-politisation_5511892_3224.html

[240] TELO Laurent, « Anticor, l'association qui veut vacciner les politiques contre la corruption », Le Monde, 26/01/2018, accessible sur LeMonde.fr : https://www.lemonde.fr/m-actu/article/2018/01/26/anticor-l-association-qui-veut-vacciner-les-politiques-contre-la-corruption_5247702_4497186.html

[241] Voir PICARD Jean-Christophe, *Le colère et le courage. Plaidoyer contre la corruption, pour une République éthique*, Paris, Armand Colin, 2020, 240 p.

organisation (ancien ou actuel), de révéler l'existence de pratiques illégales, immorales ou illégitimes dont l'employeur a la maîtrise, à une personne ou à un organisme susceptible de remédier à la situation »[242]. En France, ces pratiques se traduisent par la mise en place d'un système d'alerte éthique avec une généralisation des actions des lanceurs d'alerte interrogeant la dimension individuelle de la lutte anticorruption ainsi que le droit de ces lanceurs d'alerte leur accordant une protection comportant certaines limites.

§ 1. L'action individuelle des lanceurs d'alerte

Au sein de la société civile, les lanceurs d'alerte jouent un rôle fondamental dans la lutte anticorruption en France en étant notamment à l'origine de la révélation de scandales sur des affaires politico-financières impliquant des acteurs politiques et institutionnels et le phénomène de corruption. L'article 6 de la loi Sapin 2 du 9 décembre 2016 définit le lanceur d'alerte comme « une personne physique qui révèle ou signale, de manière désintéressée et de bonne foi, un crime ou un délit, une violation grave et manifeste d'un engagement international régulièrement ratifié ou approuvé par la France, d'un acte unilatéral d'une organisation internationale pris sur le fondement d'un tel engagement, de la loi ou du règlement, ou une menace ou un préjudice graves pour l'intérêt général, dont elle a eu personnellement connaissance »[243]. Le lanceur d'alerte apparaît comme un diseur de vérité figure antique sous le nom de « parrèsiaste » qui, selon Michel Foucault, est l'action de « dire, sans dissimulation ni réserve ni clause de style ni ornement rhétorique qui pourrait le chiffrer et la masquer, la vérité »[244].

---

[242] NEAR Janet P., MICELI Marcia P., « Organizational Dissidence: The case of Whistleblowing », *Journal of Business*, vol. 4, n°1, pp. 1-16.

[243] Loi n°2016-1691 du 9 décembre 2016 relative à la transparence, à la lutte contre la corruption et à la modernisation de la vie économique, article 6, accessible sur Legifrance.gouv.fr : https://www.legifrance.gouv.fr/affichTexte.do?cidTexte=JORFTEXT000033558528&categorieLien=id

[244] FOUCAULT Michel, *Le courage de la vérité. Le gouvernement de soi et des autres II*, Cours au Collège de France 1984, Paris, Seuil, 2009, p. 11.

Selon certaines perceptions, le lanceur d'alerte perturberait l'imaginaire des cultures stato-centrées (Allemagne, Espagne, France ou Italie) qui percevraient ce lanceur d'alerte comme un perturbateur, voire un destructeur de l'ordre établi[245]. Le noyau dur des lanceurs d'alerte reposant sur trois éléments essentiels : la contradiction, l'incarnation et la protection dans sa définition commune illustrant son rôle préalablement impliquant la parole publique[246]. L'importance de la parole dans l'action du lanceur d'alerte est primordiale dans la lutte anticorruption car elle permet de révéler les faits et pratiques de corruption à l'œuvre au sein du monde politique et institutionnel tout comme au sein du monde privé des entreprises. Il peut aussi bien être une personne physique qu'une personne morale de droit public ou privé. À ce titre, il convient de noter que les associations de lutte contre la corruption, telles que celles agréées par la HATVP peuvent bénéficier du statut de lanceur d'alerte puisqu'elles répondent d'un intérêt général qui s'exprime en contradiction avec les secrets reconnus par la loi et que leurs membres sont protégés dans leur situation professionnelle[247]. Le lanceur d'alerte peut devenir un justiciable lorsqu'il est attaqué devant le juge pour avoir porté atteinte à un secret protégé par la loi ou pour dénonciation calomnieuse ou diffamation.

Néanmoins cela ne constitue pas un statut juridictionnel en ce sens qu'elle ne prévoit pas toujours de garanties procédurales devant le juge (inversion de la charge de la preuve, assistance d'une autorité comme le Défenseur des droits, etc..)[248]. Le régime du lanceur d'alerte se comprend à la fois comme un « droit à » et un « droit contre » étant entendu que l'un et l'autre constituent une manière de se protéger, ou de protéger les autres d'un danger. Il est caractérisé par une dimension défensive vis-à-vis des autres acteurs, à commencer par le « citoyen ordi-

---

[245] KERLÉO Jean-François, « Qu'est-ce qu'un lanceur d'alerte ? Classification et conceptualisation d'une catégorie juridique insaisissable », dans Mathieu DISANT, Delphine POLLET-PANOUSSIS (dir.), *Les lanceurs d'alerte. Quelle protection juridique ? Quelles limites ?*, Paris, LGDJ, 2017, p. 12.

[246] *Ibidem.*, p. 34.

[247] *Ibid.*, p. 42.

[248] *Ibid.*, p. 44.

naire » dont l'usage par celui-ci de sa liberté d'expression et d'opinion le rapproche de la définition retenue[249]. Le citoyen individuel bénéficie du statut de lanceur d'alerte seulement si le juge admet que son action s'effectue au nom d'un intérêt général qui mérite de lever un secret protégé par la loi. L'article 7 de la loi Sapin 2 exonère de la responsabilité pénale le lanceur d'alerte pour la divulgation de certains secrets protégés par la loi sous trois conditions cumulatives : 1) La divulgation du secret doit être nécessaire et proportionnée à la sauvegarde des intérêts en cause ; 2) Le lanceur d'alerte doit correspondre à la définition qu'en donne l'article 6 ; 3) Il doit avoir respecté les procédures de signalement prévues par la loi[250].

Les citoyens français ont ainsi la possibilité de se constituer en lanceurs d'alerte dont les actions peuvent remettre en question la structure du pouvoir, au sein d'une entreprise ou d'une administration, en se confrontant directement aux principes de hiérarchie, d'obéissance, ainsi qu'aux différents secrets garantis par le droit et sa pratique[251]. Le citoyen peut ainsi agir individuellement contre le phénomène de corruption grâce au statut du lanceur d'alerte qui bénéficie d'une protection juridique légale et dont il sera question dans la suite du développement. Le déclenchement de l'alerte suppose un lanceur d'alerte agissant de bonne foi et de manière désintéressée[252], ce qui est fondamentalement important car l'alerte qui rend son auteur pénalement irresponsable ne peut reposer sur une personne poursuivant un but intéressé. Dans le cadre de la lutte contre la corruption, la personne physique disposant d'informations pouvant entrer en même temps dans le champ pénal correctionnel et dans le cadre des manquements fiscaux devra, en conséquence, choisir le statut qui lui paraîtra le plus approprié au regard de l'objectif de lancement d'une alerte[253]. Le contenu de la révélation livré par le lanceur d'alerte permet de mettre en lumière

---

[249] *Ibid.*, p. 45.
[250] *Ibid.*, p. 46.
[251] *Ibid.*, p. 47.
[252] SORDINO Marie-Christine, « Le signalement des infractions de corruption par les lanceurs d'alerte », dans Jean-Marie BRIGANT (dir.), *Le risque de corruption*, *op. cit.*, p. 64.
[253] *Ibidem.*, p. 65.

l'existence d'un crime ou d'un délit et donc une infraction pénale. Il peut révéler des délits de corruption active et passive mais il lui est également possible d'inclure d'autres infractions au devoir de probité comme les trafics d'influence ou le détournement de fonds publics. Il peut aussi signaler une menace ou un préjudice grave pour l'intérêt général dont il a eu personnellement connaissance. Comme en dispose la loi Sapin 2, le lanceur d'alerte peut également signaler « une violation grave et manifeste d'un engagement international régulièrement ratifié ou approuvé par la France d'un acte unilatéral d'une organisation internationale pris sur le fondement d'un tel engagement »[254]. Dans ce dernier cas, les conditions de gravité et de démonstration du caractère manifeste de la violation n'apparaissent pas si aisées à démontrer et ne sont pas sans risque.

L'action individuelle du lanceur d'alerte dans la lutte anticorruption comporte un certain nombre de risques pouvant mettre en danger le citoyen lanceur d'alerte dans le cas où ce dernier fait l'objet de violente menaces ou de représailles pouvant émaner d'un acteur politique ou institutionnel relativement puissant et possédant d'importants moyens financiers de nature à faire pression sur ce citoyen lanceur d'alerte. Il va de soi que les acteurs politiques et institutionnels, tout comme les acteurs de la sphère privée, n'ont aucun intérêt à ce que leurs actes, pratiques et entreprises de corruption soient révélées par les lanceurs d'alerte transmettant toutes les informations recueillies à la justice et aux médias. Ils sont, *de facto*, les pires ennemis que les personnes corruptrices ou corrompues peuvent rencontrer. L'ambiguïté de l'action du lanceur d'alerte qui signale une menace ou un préjudice grave pour l'intérêt général le placerait à côté du procureur de la République dans sa mission de dé-

[254] Loi n°2016-1691 du 9 décembre 2016 relative à la transparence, à la lutte contre la corruption et à la modernisation de la vie économique, article 6, accessible sur Legifrance.gouv.fr :
https://www.legifrance.gouv.fr/affichTexte.do?cidTexte=JORFTEXT000033558528&categorieLien=id

fense de l'intérêt de la société[255]. De ce fait, ces personnes chercheront, par tous les moyens, à empêcher la révélation d'informations compromettantes par les lanceurs d'alerte qui risquent d'être l'objet de lourdes pressions. Les risques du lanceur d'alerte prennent également en compte ceux liés aux conditions d'exercice du lancement d'alerte avec une insuffisance des critères légaux de définition du lanceur d'alerte[256].

La protection juridique du lanceur d'alerte a fait l'objet d'une élaboration progressive dans des domaines précis du législateur avec la loi du 13 novembre 2007 (n°2007-1598) relative à la lutte contre la corruption introduisant, au sein du Code du travail, l'article L1161-1 qui prévoit un régime de protection contre toute poursuite en représailles à l'égard de celui qui aurait « relaté ou témoigné, de bonne foi, soit à son employeur, soit aux autorités judiciaires ou administratives, de faits de corruption dont il aurait eu connaissance dans l'exercice de ses fonction »[257]. Des démarches de protection similaires ont pu être observées avec la loi du 11 octobre 2013 sur la transparence dans la vie publique, et celle du 6 décembre 2013 relative à la lutte contre la fraude fiscale, avant de faire l'objet d'une toute nouvelle définition par la loi Sapin 2 du 9 décembre 2016 introduisant de nouveaux droits pour les lanceurs d'alerte.

§ 2. Le droit des lanceurs d'alerte en France, un manque de protection ?

Le droit pénal a rapidement été confronté à l'émergence du lanceur d'alerte, de la figure du *whistleblower* qui a connu une ascension fulgurante au cours des années 1980-1990, au fur et à

---

[255] SORDINO Marie-Christine, « Lanceur d'alerte et droit pénal : entre méfiance et protection », dans Maud LÉNA et Erwan ROYER (coord.), Anticorruption – la loi Sapin 2 en application, *op. cit.*, p. 184.

[256] LUDWICZAK Franck, « Le droit d'alerte aux risques de la répression pénale », dans Mathieu DISANT, Delphine POLLET-PANOUSSIS (dir.), *Les lanceurs d'alerte*, *op. cit.*, p. 179.

[257] C. trav., Partie législative, Première partie, Livre 1er, Titre VI, chapitre unique, article L1161-1, accessible sur Legifrance.gouv.fr : https://www.legifrance.gouv.fr/affichCodeArticle.do?idArticle=LEGIARTI000006900837&cidTexte=LEGITEXT000006072050

mesure que s'institutionnalisait la lutte anticorruption. La question de la protection des lanceurs d'alerte est apparue aux États-Unis plusieurs années avant la France. Aux États-Unis, la loi Sarbanes-Oxley (SOX), adoptée le 25 juillet 2002, a non seulement permis de renforcer les mesures de transparence financière mais est également venue imposer la mise en place d'un dispositif de *whistleblowing* dans toutes les entreprises cotées en bourses au sein du pays ainsi qu'à toutes leurs filiales localisées à l'étranger. Auparavant, les États-Unis avait mis en œuvre la loi fédérale du *Whistleblower Protection Act* (WPA), promulguée le 9 juillet 1989, visant à accorder une protection aux fonctionnaires gouvernementaux étant également des lanceurs d'alerte notamment dans le but de leur éviter de subir des représailles.

En France, à la suite de la loi du 13 novembre 2007, évoquée précédemment, introduisant un régime de protection pour les lanceurs d'alerte dans le milieu professionnel et salarié, la loi du 6 décembre 2013 (n°2013-1117) relative à la lutte contre la fraude fiscale et à la grande délinquance financière est la première à consacrer un droit d'alerte au profit des agents publics. Durant de nombreuses années avant cette loi, le seul dispositif « d'alerte éthique » qui existait dans la fonction publique était consacré par l'article 40 alinéa 2 du Code de procédure pénale disposant que : « Toute autorité constituée, tout officier public ou fonctionnaire qui, dans l'exercice de ses fonctions, acquiert la connaissance d'un crime ou d'un délit est tenu d'en donner avis sans délai au procureur de la République et de transmettre à ce magistrat tous les renseignements, procès-verbaux et actes qui y sont relatifs »[258]. Bien que cette disposition pénale ait pu consacrer le droit des lanceurs d'alerte dans la fonction publique en France, elle n'est pas venue préciser les éléments inhérents à la protection de ces derniers qui se devaient certes d'informer le procureur dès qu'ils avaient connaissance d'un crime ou d'un délit, mais qui ne disposaient d'aucune garantie

[258] C. pr. pén., Livre 1er, Titre 1er, Chapitre 2, Section 3, article 40, al. 2, accessible sur Legifrance.gouv.fr : https://www.legifrance.gouv.fr/affichCodeArticle.do?idArticle=LEGIARTI000006574933&cidTexte=LEGITEXT000006071154&dateTexte=20040310

de protection. Dans le cadre de la lutte contre la corruption tout comme dans le cadre de la lutte contre la répression des crimes et des délits, les lanceurs d'alerte se doivent de bénéficier d'une protection relative à l'exercice de leur action.

Jusqu'au 6 décembre 2013, la France était la seule au monde, parmi plus d'une soixantaine de pays dotés d'un droit d'alerte, à ne pas protéger l'agent public signalant des crimes ou délits[259]. Le Titre III de la loi du 6 décembre 2013 est à l'origine de l'adoption du nouvel article 6 *ter* A de la loi du 13 juillet 1983 (n°83-634) portant droits et obligations des fonctionnaires, ce qui constitue un premier progrès puisque cette disposition consacre un droit d'alerte dont l'exercice est assorti d'une protection. La loi de 2013 est également à l'origine d'un nouvel article 40-6 au sein du Code de procédure qui dispose que : « La personne qui a signalé un délit ou un crime commis dans son entreprise ou dans son administration est mise en relation, à sa demande, avec le service central de prévention de la corruption lorsque l'infraction signalée entre dans le champ de compétence de ce service »[260].

Les dispositions de cette loi de 2013 ont été complétées par la loi du 20 avril 2016 (n°2016-483) relative à la déontologie et aux droits et obligations des fonctionnaires. Néanmoins, il reste que le domaine de l'alerte est limité au seul signalement de crimes et délits et n'est pas protégé la dénonciation des dysfonctionnements administratifs ou la contestation de réformes politiques ou sociétales alors qu'ils peuvent se révéler tout aussi dangereux pour l'intérêt général[261]. Par ailleurs, l'article 6 *ter* A modifié de la loi du 13 juillet 1983 ne définit aucun canal de signalement de l'alerte entraînant un manque de précision important pour le droit des lanceurs d'alerte qui va néanmoins

---

[259] MEYER Nicole-Marie, « Alerte éthique et fonction publique : la fin d'un malentendu français ? », *Revue des juristes de Sciences Po*, n°9, 2014, p. 159.
[260] C. pr. pén., Livre 1er, Titre 1er, Chapitre 2, Section 3, article 40-6, accessible sur Legifrance.gouv.fr :
https://www.legifrance.gouv.fr/affichCodeArticle.do?idArticle=LEGIARTI000028286396&cidTexte=LEGITEXT000006071154
[261] POLLET-PANOUSSIS Delphine, « L'argent public, lanceur d'alerte » dans Mathieu DISANT, Delphine POLLET-PANOUSSIS (dir.), *Les lanceurs d'alerte*, *op. cit.*, p. 144.

faire l'objet d'un élargissement avec la loi Sapin 2 du 9 décembre 2016.

Cette dernière loi est, en effet, venue, élargir le champ de l'alerte en y incluant désormais le signalement de conflits d'intérêts, en définissant les canaux de signalement de l'alerte en évoquant la saisine des autorités judiciaires ou administratives par le fonctionnaire ainsi qu'en mettant en place tout un mécanisme gradué avec une dénonciation préalable auprès d'instances internes[262]. Elle a également donné une définition extensive du lanceur d'alerte par son article 6 induisant des conditions *ratione personae* sur les personnes, et des conditions *ratione materiae* sur le droit d'attribution[263]. Au sein de ces conditions *ratione personae*, trois caractéristiques se dégagent concernant le statut du lanceur d'alerte : ce dernier doit être une personne physique, doit être désintéressé et de bonne foi et doit avoir eu personnellement connaissance des faits qui la justifient. Au sein des conditions *rationae materiae*, l'objet des alertes a été élargi par la loi Sapin II qui permet de signaler « une violation grave et manifeste d'un engagement international régulièrement ratifié ou approuvé par la France, d'un acte unilatéral d'une organisation internationale pris sur le fondement d'un tel engagement, (…) ou une menace ou un préjudice grave pour l'intérêt général »[264]. La loi Sapin 2 permet ainsi d'introduire un tout nouveau régime du lanceur d'alerte, plus enclin à mieux lutter contre le phénomène de corruption et qui renouvelle toutes les questions relatives à l'obéissance et à la désobéissance hiérarchique. C'est désormais au lanceur d'alerte lui-même qu'il reviendra de déterminer les possibles éléments constituant un préjudice grave pour l'intérêt général notamment menacé par la corruption.

---

[262] *Ibidem.*, p. 145.

[263] DYENS Samuel, « Le lanceur d'alerte dans la loi « Sapin 2 » : un renforcement en trompe-l'œil ? », dans Maud LÉNA et Erwan ROYER (coord.), Anticorruption – la loi Sapin 2 en application, *op. cit.*, pp. 17-27.

[264] Loi n°2016-1691 du 9 décembre 2016 relative à la transparence, à la lutte contre la corruption et à la modernisation de la vie économique, article 6, accessible sur Legifrance.gouv.fr :
https://www.legifrance.gouv.fr/affichTexte.do?cidTexte=JORFTEXT000033558528&categorieLien=id

La procédure d'alerte mise en place par la loi Sapin 2 est une procédure graduée en trois étapes comme le précise l'article 8 de la loi précitée[265] : 1) Voie interne : le lanceur d'alerte doit signaler les faits à son supérieur hiérarchique, direct ou indirect, à son employeur ou un référent désigné par celui-ci ; 2) Communication aux autorités compétentes : En raison de l'absence d'une diligence de la personne destinataire du signalement dans un délai raisonnable, son émetteur pourra s'adresser à l'autorité judiciaire, à l'autorité administrative ou aux ordres professionnels compétents ; 3) Divulgation au public : En l'absence de traitement par l'une des autorités mentionnées ci-dessus dans un délai de trois mois maximum, le signalement pourra être rendu public[266]. Une procédure dérogatoire facultative est également permise par l'article 8 II. « En cas de danger grave ou en présence d'un risque de dommages irréversible »[267], la loi permet que le signalement puisse être porté directement à la connaissance de l'autorité judiciaire, de l'autorité administrative, et pour ceux qui y sont soumis, aux ordres professionnels compétents.

Le champ de protection du lanceur d'alerte est profondément renouvelé avec une immunité pénale créée par la loi Sapin 2 et son article 7 qui introduit une nouvelle cause d'irresponsabilité pénale dans des cas de divulgation de certains secrets protégés par la loi et que cette divulgation « intervient dans le respect des procédures de signalement définies par la loi »[268]. Cette cause

---

[265] Loi n°2016-1691 du 9 décembre 2016 relative à la transparence, à la lutte contre la corruption et à la modernisation de la vie économique, article 8, accessible sur Legifrance.gouv.fr :
https://www.legifrance.gouv.fr/affichTexte.do?cidTexte=JORFTEXT000033558528&categorieLien=id

[266] ASSHOFF Markus, FREIH-BENGABOU Mounira, « Alerte Compliance: Loi Sapin II: Le whistleblowing à la française », *Taylor Wessing*, 2018, accessible sur : https://www.lexology.com/library/detail.aspx?g=b6aefd95-8360-43ef-aa47-dc9fb264a0f1

[267] Loi n°2016-1691 du 9 décembre 2016 relative à la transparence, à la lutte contre la corruption et à la modernisation de la vie économique, article 8-II, accessible sur Legifrance.gouv.fr :
https://www.legifrance.gouv.fr/affichTexte.do?cidTexte=JORFTEXT000033558528&categorieLien=id

[268] *Ibid.*, article 7, accessible sur Legifrance.gouv.fr :

d'irresponsabilité mise en œuvre par la loi Sapin 2 est d'ailleurs introduite au sein du nouvel article 122-9 du Code pénal issu de l'article 7. À l'immunité pénale s'ajoute également une immunité disciplinaire venant protéger le lanceur d'alerte contre toute mesure discriminatoire ou sanction disciplinaire imposée sur le fait d'avoir signalé une alerte dans le respect de la procédure et des lettres de la loi. L'article 10 vient ajouter, au sein de l'article 6 ter de la loi du 13 juillet 1983, le fait de relater ou de témoigner « de tout fait susceptible d'entraîner des sanctions disciplinaires » aux faits pouvant être punis « des peines prévues au premier alinéa de l'article 226-10 du code pénal »[269]. Dans un autre volet, l'article 13 de loi Sapin 2 consacre le délit d'entrave à l'alerte consistant à réprimer d'un an d'emprisonnement et de 15 000 euros d'amende toute personne faisant obstacle à la transmission d'un signalement aux personnes et organismes mentionnés lors des deux premiers alinéas du I de l'article 8 précité[270]. Une dimension de confidentialité est également mise en œuvre par l'article 9 de la loi Sapin 2 disposant que : « Les éléments de nature à identifier le lanceur d'alerte ne peuvent être divulgués, sauf à l'autorité judiciaire, qu'avec le consentement de celui-ci. Les éléments de nature à identifier la personne mise en cause par un signalement ne peuvent être divulgués, sauf à l'autorité judiciaire, qu'une fois établi le caractère fondé de l'alerte »[271].

La loi organique (n°2016-1690) du 9 décembre 2016 est venue introduire la compétence du Défenseur des droits pour l'orientation et la protection des lanceurs d'alerte. Ce dernier se doit, selon la loi, « d'orienter vers les autorités compétentes toute personne signalant une alerte dans les conditions fixées

---

https://www.legifrance.gouv.fr/affichTexte.do?cidTexte=JORFTEXT000033558528&categorieLien=id

[269] *Ibid.*, article 10, accessible sur Legifrance.gouv.fr : https://www.legifrance.gouv.fr/affichTexte.do?cidTexte=JORFTEXT000033558528&categorieLien=id

[270] *Ibid.*, article 13, accessible sur Legifrance.gouv.fr : https://www.legifrance.gouv.fr/affichTexte.do?cidTexte=JORFTEXT000033558528&categorieLien=id

[271] *Ibid.*, article 9, accessible sur Legifrance.gouv.fr : https://www.legifrance.gouv.fr/affichTexte.do?cidTexte=JORFTEXT000033558528&categorieLien=id

par la loi, de veiller aux droits et libertés de cette personne »[272]. Néanmoins, cette disposition n'a pas été validée par le Conseil constitutionnel qui, lors de sa décision n°2016-741, considère que le Défenseur des droits n'a pas pour attribution d'« accorder, dans certains cas, une aide financière ou un secours financier à un lanceur d'alerte »[273].

Au-delà de ce refus de la part du Conseil constitutionnel, une persistance d'incertitude est toujours à l'œuvre dans la question de la protection du droit des lanceurs d'alerte car les deux textes promulgués le 9 décembre 2016 ne règlent pas toutes les questions juridiques susceptibles de se poser en cas d'alerte[274]. Le fait de mener une réflexion sur l'alerte éthique, dans le cadre de la lutte anticorruption, amène à mesurer tous les enjeux juridiques et sociétaux de l'organisation d'une telle procédure étant donné que la nécessité d'organiser une alerte éthique a permis la naissance de nouvelles fonctions comme celle du *compliance officer* désignant le commissariat à l'éthique, responsable de la mise en œuvre des règles de déontologie et du contrôle interne[275].

Il subsiste toujours les défauts inhérents à la procédure de lancement d'alerte. Comme pour la définition légale du lanceur d'alerte, la procédure de révélation ou de signalement de l'information apparaît, à la lecture de l'article 122-9 du Code pénal, comme une condition préalable au jeu de la cause d'irresponsabilité pénale qu'il consacre. En conséquence, le formalisme créé influe sur le droit pénal de fond en conditionnant l'irresponsabilité pénale du lanceur d'alerte et révèle la perfectibilité d'un processus à la fois périlleux et source

---

[272] Loi organique n°2016-1690 du 9 décembre 2016 relative à la Compétence du Défenseur des droits pour l'orientation et la protection des lanceurs d'alerte, article unique, 5°, accessible sur Legifrance.gouv.fr :
https://www.legifrance.gouv.fr/eli/loi/2016/12/9/2016-1690/jo/texte

[273] Cons. Const., décision n°2016-741 DC du 8 décembre 2016, point 136, accessible sur Legifrance.gouv.fr :
https://www.conseil-constitutionnel.fr/decision/2016/2016741DC.htm

[274] SORDINO Marie-Christine, « Lanceur d'alerte et droit pénal : entre méfiance et protection », dans Maud LÉNA et Erwan ROYER (coord.), Anticorruption – la loi Sapin 2 en application, *op. cit.*, p. 183.

[275] *Ibidem.*, p. 184.

d'insécurité juridique[276]. D'un autre côté, le Défenseur des droits se questionne sur son rôle à jouer étant donné que la loi ne précise pas qui doit traiter des alertes dans les différents domaines et missions des autorités destinataires des alertes[277]. La question reste de savoir si la mission d'orientation que confère la loi organique au lanceur d'alerte le libère de son obligation d'information de l'autorité judiciaire étant donné que le Défenseur des droits doit informer le lanceur d'alerte des modalités de signalement qui s'offrent à lui dans un contexte où ce dernier s'auto-désigne et où le Défenseur n'a pas vocation à évaluer le sérieux de l'alerte[278].

Ainsi, le droit de protection des lanceurs d'alerte en France a su connaître une amélioration progressive de la même manière qu'aux États-Unis mais fait toujours preuve de certaines lacunes et imprécisions même si la loi Sapin 2 du 9 décembre 2016 est venue renouveler le régime de ces acteurs incontournables de lutte anticorruption. Dans le contexte de cette lutte, il est, par ailleurs, louable de la part du législateur de souhaiter associer des citoyens lanceurs d'alerte à la politique de lutte contre la corruption mais n'enlèvent pas les difficultés inhérentes à la révélation de ces infractions complexes et à leur perpétuation par des moyens techniques (notamment grâce au numérique en matière économique et financière) rendant leur preuve extrêmement délicate et leur caractère organisé laissant des marges d'appréciation dans lesquelles ils s'engouffrent[279].

---

276 LUDWICZAK Franck, « Le droit d'alerte aux risques de la répression pénale », dans Mathieu DISANT, Delphine POLLET-PANOUSSIS (dir.), *Les lanceurs* d'alerte, *op. cit.*, p. 183.
277 TOUBON Jacques, « Lecture indépendante d'une innovation législative – La création du dispositif de protection des lanceurs d'alerte », dans Mathieu DISANT, Delphine POLLET-PANOUSSIS (dir.), *Les lanceurs d'alerte*, *op. cit.*, p. 413.
278 *Ibidem.*, p. 414.
279 SORDINO Marie-Christine, « Le signalement des infractions de corruption par les lanceurs d'alerte », dans Jean-Marie BRIGANT (dir.), *Le risque de corruption*, *op. cit.*, p. 73.

CHAPITRE 3

Un avenir de transparence combinée à la confiance ? La question de la préservation des institutions françaises

La question de la corruption et de la préservation des institutions politiques françaises par la transparence induisant la confiance des citoyens est au cœur du rapport du groupe de travail de l'Assemblée nationale sur l'avenir des institutions faisant une proposition sur le non-cumul de mandats chronologique, présidé par Claude Bartolone et Michel Winock, publié le 2 octobre 2015. Rappelant le principe de vertu inhérent à la démocratie selon Montesquieu, ce rapport insiste sur le mal profond induit par le phénomène de corruption au sein de la République : « Les scandales financiers, la concussion, la corruption ont emmaillé l'histoire des républiques. On les oublie ou on les ignore. Notre attention est polarisée par ce qui se passe aujourd'hui. Une série de scandales atteignent les partis, les élus et même les ministres, et jusqu'aux syndicats, qui ont progressivement laissé croire aux Français que leurs dirigeants étaient corrompus »[280]. La priorité est à la généralisation de la transparence pour mieux lutter contre ce phénomène de corruption empoisonnant la démocratie et sa représentativité avec le sentiment de défiance de citoyens vis-à-vis de leurs élus, déjà

[280] Assemblée nationale, XIVème législature, groupe de travail sur l'avenir des institutions, « Refaire la démocratie », rapport n°3100 de M. Claude Bartolone et de M. Michel Winock, 2 octobre 2015, p. 275.

évoqué, qui ne cesse de croître avec les révélations d'affaires et de scandales politico-financiers impliquant de nombreux acteurs politiques et institutionnels parfois de renom. L'idée est clairement de redonner confiance aux citoyens envers leurs représentants et les institutions politiques et républicaines dont ils incarnent l'autorité publique.

La loi Sapin 2 du 9 décembre 2016 est apparue dans le but de satisfaire cette idée en cherchant davantage à anticiper les faits et les pratiques de corruption afin de les débusquer et de les contraindre au lieu de simplement les punir. Bien que des lois aient pu être mises en œuvre par le législateur introduisant de nouveaux dispositifs de lutte anticorruption tels que le SCPC avec la loi Sapin du 29 janvier 1993 ou la HATVP avec la loi du 11 octobre 2013, le fait est que la corruption est toujours omniprésente au sein des institutions républicaines françaises comme peuvent le mentionner les nombreux rapports de l'OCDE ou *Transparency International*. Cette loi Sapin 2 est venue renforcer toutes ces lois et dispositifs anticorruption en introduisant des innovations juridiques destinées à généraliser la transparence et à orienter la vie politique et institutionnelle vers un avenir de confiance et de pérennité.

SECTION 1. LA GÉNÉRALISATION DE LA TRANSPARENCE : UNE RÉELLE EFFICACITÉ ?

Par la mise en œuvre de ses nouveaux dispositifs et son application, la loi Sapin 2 est venue constituer une véritable avancée en matière de lutte contre la corruption en généralisant les principes de transparence et de *compliance* (conformité) aux entreprises du secteur privé en plus des institutions du secteur public. Néanmoins, de nombreux écueils subsistent toujours et la corruption demeure encore aux seins des institutions républicaines au travers des faits et pratiques des acteurs politiques et institutionnels. La méfiance et le risque de corruption sont toujours de rigueur malgré les dispositions innovantes de la loi Sapin 2 qui présentent d'ailleurs certaines faiblesses.

§ 1. Les dispositions de la loi Sapin 2 : une avancée significative ?

Venue renforcer les précédentes lois anticorruption et particulièrement la loi Sapin du 29 janvier 1993 dont elle est la continuité, la loi Sapin 2 s'inscrit dans un véritable contexte d'aggravation du phénomène de corruption. Portant le nom du ministre de l'Économie et des Finances du Président François Hollande, Michel Sapin, cette nouvelle loi s'inscrit dans un contexte où la corruption a certes baissé en France depuis les années 1990 mais où il continuait à y avoir de multiples affaires de corruption impliquant la sphère politique et institutionnelle et celle des entreprises (établissements privés et publics à caractère industriel et commercial). Selon le Gouvernement, la loi doit permettre à la France de rattraper son retard en matière de lutte anticorruption notamment pointé du doigt par les récents rapports de l'OCDE et de l'ONG *Transparency International.* Cette loi consacre de nombreuses dispositions inhérentes au droit des affaires, au droit des marchés financiers au droit de la concurrence, tout en passant par le droit bancaire et le droit des sociétés.

Elle s'appuie également sur un ensemble d'études et de rapports nationaux au premier rang desquels figure celui de M. Jean-Louis Nadal, président de la Haute Autorité pour la transparence de la vie publique. Elle a pour ambition de porter la législation française aux meilleurs standards européens et internationaux en matière de lutte anticorruption et de contribuer ainsi à donner une image positive de la France à l'international[281]. Comme le reconnaît le ministre Michel Sapin dans une entrevue : « Il y avait besoin d'une piqûre de rappel puissante qui dise à tous les acteurs publics ou privés sur le territoire français « la corruption, c'est non ». La corruption est une atteinte au bon fonctionnement des institutions. La corruption est une atteinte au bon fonctionnement du marché. C'est

[281] BROUSSOLLE Yves, « Les principales dispositions de la loi Sapin pour la transparence et la modernisation de la vie économique », *Gestion & Finances Publiques*, vol. 2, n°2, 2017, p. 108.

une atteinte à la bonne concurrence. C'est une atteinte à l'intérêt général »[282].

Votée par l'Assemblée nationale le 8 novembre 2016 et promulguée le 9 décembre 2016, cette loi Sapin 2 est venue mettre en œuvre de nouveaux dispositifs de détection et de prévention de la corruption avec la création de l'Agence française de lutte anticorruption (AFA), dont il a déjà été question précédemment, ainsi qu'avec l'institutionnalisation de nouveaux programmes de conformité pour les entreprises. Une nouvelle philosophie se fait jour dans le monde de l'entreprise où il convient d'observer, notamment par le biais de la loi Sapin 2, une multiplication des règles éthiques et déontologiques d'origine privée se sont multipliées ces dernières années. En droit français dorénavant, les contours des obligations imposées aux entreprises se dessinent plus clairement en même temps qu'émerge une nouvelle méthode de régulation des activités mondialisées[283]. Il y a aujourd'hui un véritable problème d'affaiblissement des États dépassés par des acteurs économiques et financiers qui se développent dans un espace dépourvu de frontières et qui participent à l'élaboration d'une réglementation de la mondialisation[284]. S'opère, de fait, une conjonction réglementaire de dispositions nationales entre les différents pays qui promeuvent des politiques comparables.

La loi Sapin 2 du 9 décembre 2016 entre dans la continuité des lois extraterritoriales du *Foreign Corrupt Practices Act* (*FCPA*) entrée en vigueur aux États-Unis en 1977, et du *UK Bribery Act* (*UKBA*) entrée en vigueur le 1er juillet 2011 au Royaume-Uni mettant en œuvre le régime de *compliance* au sein des entreprises. La loi Sapin 2 tout comme la loi du 27 mars 2017 (n°2017-399) relative au devoir de vigilance des

---

[282] Entrevue avec Michel Sapin, ancien ministre de l'Économie et des Finances, « Les lois de 1993 et 2016 relatives à la transparence et la prévention de la corruption », Cours en ligne (MOOC CNFPT) « Corruption, favoritisme, détournement de fonds...comment les prévenir dans la gestion publique locales ? », Septembre 2018.

[283] BOUCOBZA Xavier, SERINET Yves-Marie, « Loi « Sapin 2 » et devoir de vigilance : l'entreprise face aux nouveaux défis de la *compliance* », dans Maud LÉNA et Erwan ROYER (coord.), Anticorruption – la loi Sapin 2 en application, *op. cit.*, pp. 131-132.

[284] *Ibidem.*, p. 132.

sociétés mères et des entreprises donneuses d'ordre imposent désormais de nouveaux devoirs de *compliance* aux entreprises françaises ainsi que des programmes de détection anticorruption et de vigilance construits sur un modèle identique au modèle anglo-saxons et qui se déclinent en une liste de mesure et de « *process* » à instaurer qui s'organisent selon plusieurs volets[285]. On retrouve, dans le schéma légal, certains des principes essentiels que certains *guidelines* étrangers, l'OCDE, les normes ISO ainsi que les autorités de régulation internes à l'instar de l'Autorité de la concurrence ou du SCPC recommandent de respecter pour construire un dispositif de prévention de la corruption efficace. S'observe au sein des entreprises une progressive institution d'organes de gouvernance de la conformité avec la mise en place d'un référent déontologue ou *compliance officer* et la rédaction d'un code de bonne conduite comme le prévoit la loi Sapin 2.

Le principe de *compliance*, introduit au sein des entreprises par cette loi, est un pur produit d'importation juridique, ce qui ne facilite pas l'élaboration de sa définition[286]. D'après l'association du Cercle de la compliance, la *compliance* serait « l'ensemble des processus qui permettent d'assurer la conformité des comportements de l'entreprise, de ses dirigeants et de ses salariés aux normes juridiques et éthiques qui leur sont applicables »[287]. L'article 17 de la loi Sapin 2 impose des exigences de conformité aux sociétés employant au moins cinq cents salariés et réalisant un chiffre d'affaires supérieur à 100 millions d'euros : « Les présidents, les directeurs généraux et les gérants d'une société employant au moins cinq cents salariés, ou appartenant à un groupe de sociétés dont la société mère a son siège social en France et dont l'effectif comprend au moins cinq cents salariés, et dont le chiffre d'affaires ou le chiffre d'affaires consolidé est supérieur à 100 millions d'euros sont tenus de prendre les mesures destinées à prévenir et à dé-

---

285 *Ibid.*, p. 133.

286 GAUDEMET Antoine, « Qu'est-ce que la compliance ? », *Commentaire*, vol. 165, n°1, 2019, p. 110.

287 Le Cercle de la Compliance, « À quoi se réfère exactement le terme de compliance ? », accessible sur Lecercledelacompliance.com : https://www.lecercledelacompliance.com/questions-frequentes/

tecter la commission, en France ou à l'étranger, de faits de corruption ou de trafic d'influence selon les modalités prévues au II »[288]. Cet article prévoit, dans le contenu, des mesures de prévention et de détection avec un code de conduite, un dispositif d'alerte interne ainsi qu'une cartographie des risques de corruption notamment dans l'idée de former un programme de *compliance* efficace et cohérent. Les dispositions prévues par la loi Sapin 2 concernent certes les sociétés employant au moins cinq cents salariés et réalisant un chiffre d'affaires supérieur à 100 millions d'euros mais également les sociétés anonymes régies par l'article L.225-57 du code de commerce et employant aussi au moins cinq cents salariés. Le contrôle et la sanction des mesures de prévention et de détection est effectué par l'AFA crée par l'article 1er de la loi.

L'article 18 de cette loi Sapin 2 imposant des exigences de conformités prévues à titre de peine complémentaire en s'inspirant de la pratique américaine du *corporate monitoring* (contrôle de l'entreprise). Le régime des sanctions des personnes morales retouché avec l'introduction d'un nouvel article 131-39-2 au sein du Code pénal disposant que « Lorsque la loi le prévoit à l'encontre d'une personne morale, un délit peut être sanctionné par l'obligation de se soumettre, sous le contrôle de l'Agence française anticorruption, pour une durée maximale de cinq ans, à un programme de mise en conformité destiné à s'assurer de l'existence et de la mise en œuvre en son sein des mesures et procédures définies au II »[289]. Le champ d'application de la nouvelle peine concerne les délits prévus aux articles 433-1 et 433-2 (corruption active et trafic d'influence commis par des particuliers et portant atteinte à l'administration publique) mais aussi les délits de l'avant der-

---

[288] Loi n°2016-1691 du 9 décembre 2016 relative à la transparence, à la lutte contre la corruption et à la modernisation de la vie économique, article 17, accessible sur Legifrance.gouv.fr : https://www.legifrance.gouv.fr/affichTexte.do?cidTexte=JORFTEXT000033558528&categorieLien=id

[289] C. pén., Livre 1er, Titre III, Chapitre 1er, Section 2, Sous-section 1, article 131-39-2, accessible sur Legifrance.gouv.fr : https://www.legifrance.gouv.fr/affichCodeArticle.do?cidTexte=LEGITEXT000006070719&idArticle=LEGIARTI000033563226&dateTexte=&categorieLien=cid

nier alinéa de l'article 434-9 et du second alinéa de l'article 434-9-1 (corruption active et trafic d'influence commis par des particuliers et portant atteinte à l'administration de la justice). La peine complémentaire est envisagée par les articles 435-15 et 445-4 et un nouveau délit est créé à l'article 434-43-1 du Code pénal, celui de s'abstenir de prendre les mesures nécessaires de détection et de prévention mentionnées précédemment : « Le fait, pour les organes ou représentants d'une personne morale condamnée à la peine prévue à l'article 131-39-2, de s'abstenir de prendre les mesures nécessaires ou de faire obstacle à la bonne exécution des obligations qui en découlent est puni de deux ans d'emprisonnement et de 50 000 € d'amende »[290]. La création de ce nouveau délit par la loi Sapin 2 permet de renforcer davantage la lutte contre la corruption notamment au sein des entreprises qui rejoignent les institutions politiques françaises en matière de risque de corruption. Il peut apparaître que de telles exigences envisagées en matière de prévention et de détection des faits de corruption et de trafic d'influence vont considérablement développer l'importance de la conformité dans notre pays[291].

En plus de ces dispositions, la loi Sapin 2 du 9 décembre 2016 a également introduit un nouveau mécanisme judiciaire innovant dans le cadre de la lutte anticorruption avec la convention judiciaire d'intérêt public (CJIP), mise en œuvre par l'article 22 de la loi insérant un nouvel article 41-1-2 au sein du Code de procédure pénale. Cette nouvelle convention vise à permettre une réponse judiciaire rapide et appropriée aux faits de corruption en incitant les entreprises à collaborer avec les autorités judiciaires. C'est une véritable déclinaison des modes anglo-saxons de justice négociée ne trouvant jusqu'alors aucun

---

[290] C. pén., Livre IV, Titre III, Chapitre 3, Section 3, article 434-43-1, accessible sur Legifrance.gouv.fr :
https://www.legifrance.gouv.fr/affichCodeArticle.do?cidTexte=LEGITEXT000006070719&idArticle=LEGIARTI000033563420

[291] LASSERRE-CAPDEVILLE Jérôme, « Corruption et trafic d'influence : nouvelles mesures applicables aux sociétés », dans Maud LÉNA et Erwan ROYER (coord.), Anticorruption – la loi Sapin 2 en application, *op.cit.*, p. 157.

équivalent dans la procédure pénale française[292]. Jusqu'à présent, les accords de justice négociée américains ou *deferred prosecution agreement* (*DPA*) étaient perçus comme la moins mauvaise alternative possible pour une entreprise confrontée aux incertitudes et aux conséquences potentiellement dramatiques attachées à une procédure américaine. Le *Departement of Justice* américain (*DoJ*) a d'ailleurs considérablement accru le recours à ces *DPA*.

En 2016, 23 ans après le premier *DPA* américain, la France a décidé d'adopter une forme de justice négociée sans équivalent dans la procédure pénale française appelée « Convention judiciaire d'intérêt public » qui est en réalité une transaction pénale sans reconnaissance de culpabilité réservée aux entreprises mises en cause pour des infractions déterminées et présentant une certaine complexité telle que la corruption ou le trafic d'influence. La nouvelle transaction judiciaire revendique d'ailleurs une filiation explicite avec la procédure du *DPA*, accord par lequel une entreprise objet d'une enquête pour délinquance économique accepte de régler une sanction financière, de reconnaître les éléments de fait et de se soumettre à des mesures destinées à prévenir la commission d'infractions[293]. La loi Sapin 2 introduit ainsi une véritable révolution en proposant cette convention dès le stade de l'enquête pour des infractions complexes et d'une certaine gravité en matière de délinquance économique et permet d'asseoir une nouvelle philosophie de la sanction axée non seulement sur la condamnation mais également sur la prévention et la détection des comportements infractionnels par des programmes de conformité (*compliance*) et l'organisation d'enquêtes internes à l'entreprise[294].

---

292 LE MONNIER DE GOUVILLE Pauline, « La convention judiciaire d'intérêt public » au service de la compétitivité internationale de la justice française », dans Jean-Paul CÉRÉ et Carlos Eduardo JAPIASSU (dir.), *Corruption et droit pénal*, *op. cit.*, pp. 165-188.

293 MIGNON COLOMBET Astrid, « La convention judiciaire d'intérêt public : vers une justice de coopération ? », dans Maud LÉNA et Erwan ROYER (coord.), Anticorruption – la loi Sapin 2 en application, *op. cit.*, p. 157.

294 *Ibidem.*, p. 160.

Ainsi, la loi Sapin 2 du 9 décembre 2016 peut être considérée comme une avancée relativement significative en matière de lutte anticorruption par son introduction de tous nouveaux moyens et dispositifs fondés précisément sur la détection et la prévention des faits et pratiques de corruption notamment au sein des entreprises qui ont désormais une responsabilité pénale à détecter et à prévenir le risque de corruption. Le mécanisme de la convention judiciaire d'intérêt public (CJIP) permet d'introduire un modèle de justice de coopération qui suppose de faire coexister le secret des négociations et le caractère public de la procédure[295].

§ 2. Des faiblesses de la loi Sapin 2 au climat de méfiance redoublée : Des avancées contrastées

La loi Sapin 2 du 9 décembre 2016, malgré ses dispositions innovantes en matière de renforcement de la lutte anticorruption, provoque de nombreux bouleversements. Tout d'abord, elle entraîne un bouleversement d'ordre pratique car les grandes sociétés de droit privé désignées sur la base d'un double critère cumulatif d'effectif (cinq cents salariés) et de chiffre d'affaire (100 millions d'euros) vont être confrontées à de très nombreuses obligations nouvelles, aux contours parfois incertains, et qu'elles devront satisfaire sous peine de sanctions lourdes et multiples[296]. La loi entraîne également un bouleversement juridique et culturel avec le basculement de tout un pan du droit français de sa traditionnelle logique (la loi répare le mal) à une logique préventive (la loi prévient le mal). Néanmoins, ce bouleversement soulève un profond danger de l'insécurité juridique grandissant, en soumettant les sociétés concernées à des obligations toujours plus nombreuses et situées toujours plus en amont du risque redouté[297].

---

[295] *Ibid.*, p. 163.
[296] LE FÈVRE Paul, « Les nouvelles obligations anticorruption pesant sur les grandes entreprises : un bouleversement à la fois pratique et culturel », dans Maud LÉNA et Erwan ROYER (coord.), Anticorruption – la loi Sapin 2 en application, *op. cit.*, p. 127.
[297] *Ibidem.*, p. 127.

Cette insécurité juridique peut induire deux comportements contradictoires de la part des acteurs de lutte anticorruption : le zèle, lié à la peur d'oublier quelque chose de nécessaire et de le voir ensuite, et la paralysie reliée à la peur de faire quelque chose qu'il ne fallait pas faire conduisant dans le doute, à ne rien faire[298]. Ce risque d'insécurité juridique n'apparaît ainsi pas profitable à la lutte contre le phénomène de corruption qui prospère justement sur l'ambiguïté. Il est également important de rappeler que ces nouvelles dispositions législatives s'ajoutent à l'infraction pénale de corruption sans véritablement s'y substituer. Les personnes morales concernées doivent ainsi non seulement être vigilantes quant aux nouvelles sanctions précitées, mais également conscientes des traditionnelles sanctions pénales distinctes encourues pour le délit de corruption *stricto sensu*. Sur un autre volet, il pourrait apparaître comme une hypocrisie, au sein de ce nouveau dispositif crée par la loi Sapin 2, de faire des grandes entreprises des acteurs, voire des partenaires, de la prévention de la corruption en faisant peser sur elles des obligations lourdes sans pour autant les exonérer de leur responsabilité dans le cadre d'un éventuel procès pénal[299]. La mise en œuvre de dispositifs de détection et de prévention de la corruption n'est pas réalisable pour toutes les entreprises avec certaines pouvant manquer de moyens pour les établir et devant ainsi risquer d'écoper d'une sanction supplémentaire en plus de celle inhérente au délit de corruption si jamais il se réalise dans ces dernières.

Au-delà de la dimension de l'éthique d'entreprise, qui s'avère être une éthique de la complexité voulant résoudre les conflits d'intérêts qui les caractérisent[300], la loi Sapin 2 apparaît constituer une avancée encore en retrait des attentes des praticiens juridiques comme le relève Adrien Roux[301]. Soulignant,

---

[298] *Ibid.*, p. 128.

[299] *Ibid.*, p. 129.

[300] CARDOT Fabienne, *L'éthique d'entreprise*, Paris, Presses universitaires de France, Collection « Que sais-je ? », 2006, p. 117.

[301] ROUX Adrien, « La loi n°2016-1691 du 9 décembre 2016 dite « Sapin 2 » : une avancée encore en retrait des attentes des praticiens », dans Maud LÉNA et Erwan ROYER (coord.), Anticorruption – la loi Sapin 2 en application, *op. cit.*, pp. 147-151.

par ailleurs, que la place de la corruption semble occuper une place grandissante dans l'actualité générale comme juridique mais demeure pratiquement peu étudiée, il remarque que l'histoire législative a rarement vu, dans une période de temps aussi resserrée, autant de textes importants consacrés à la lutte contre la corruption avec la loi Sapin 2 qui intervient près de trois ans après les importantes lois du 6 décembre 2013 provoquées par l'affaire Cahuzac dont les lois de « moralisation » peinent à produire l'effet escompté sur la confiance publique qui semble continuer de décliner comme en témoignant les résultats du baromètre de la confiance politique du Cevipof[302]. La loi Sapin 2 pêche régulièrement par excès de prudence, et semble retarder tout progrès décisif dans la répression d'une corruption transnationale qui n'a suscité en France, jusqu'à présent, aucune condamnation définitive de personne morale[303]. Si le volet répressif a légèrement été consolidé[304] avec des peines renforcées ou créées, le dispositif anticorruption reste encore limité dans son effectivité[305] avec une efficacité entravée par des innovations à portée pratique limitée, ainsi que par des renoncements révélateurs d'une volonté politique à éclipses du législateur. Sur ce point, il convient de noter que le plus important du projet de loi initial, transformant une quinzaine d'infractions relatives à la corruption en crimes et introduisant des « circonstances aggravantes », a été supprimé par le Sénat[306] tout comme l'extension des techniques d'enquêtes spéciales.

La loi Sapin 2 apparaît ainsi développer des innovations en demi-teintes notamment avec de faux-semblants de la protection des lanceurs d'alerte[307], comme relevé précédemment. Dans le cadre de l'action des lanceurs d'alerte, le supérieur hiérarchique doit être alerté le premier, le lanceur d'alerte doit

---

302 *Ibidem.*, p. 147.
303 *Ibid.*, p. 148.
304 *Ibid.*, p. 149.
305 *Ibid.*, p. 150.
306 ROUX Adrien, entretien réalisé le 19/03/2020 dans le cadre de la réalisation du mémoire, annexes, p.1.
307 ROUX Adrien, « La loi n°2016-1691 du 9 décembre 2016 dite « Sapin 2 » : une avancée encore en retrait des attentes des praticiens », dans Maud LÉNA et Erwan ROYER (coord.), Anticorruption – la loi Sapin 2 en application, *op. cit.*, p. 150.

suivre ce qui pourrait s'apparenter à un véritable parcours du combattant car ce dernier ne pourra rendre l'alerte publique qu'en cas de « danger grave et imminent » ou en dernier ressort en l'absence de réaction du supérieur hiérarchique puis des autorités administratives ou judiciaires moyennant un délai de trois mois sans compter la complexité de la procédure qui risque de décourager de nombreuses personnes. Un profond climat de méfiance apparaît ainsi se faire jour du côté des citoyens lanceurs d'alerte ne bénéficiant pas réellement des protections que la loi Sapin 2 est censée leur accorder. Sur le volet du mécanisme de la convention judiciaire d'intérêt public (CJIP), le Conseil d'État a jugé sévèrement le dispositif initialement envisagé par le Gouvernement qui « ne permettrait pas à la justice pénale d'assurer pleinement sa mission » en raison de fait de la perte de sa « valeur d'exemplarité » affectant au final « la recherche de la vérité »[308].

Particulièrement attendues des praticiens du droit et des citoyens, les lois anticorruption déçoivent régulièrement par la modestie de leurs apports avec des États soucieux de ne pas ruiner leur avantage dans la compétition économique mondiale en adoptant une position trop intransigeante sur la corruption[309]. Le phénomène de corruption va de pair avec la montée en puissance de la mondialisation économique et financière poussant les acteurs publics comme privés vers toujours plus de profit et de recherche d'argent facile. Si les lois anticorruption mises en œuvre en France, de la fin des années 1980 jusqu'à la loi Sapin 2, ont permis de grandement limiter ce phénomène, il s'avère que ce dernier continue de prospérer au sein des institutions politiques françaises par l'intermédiaires des pratiques des acteurs qui s'y trouvent et qui profitent notamment des failles du

---

308 CE, Avis sur un projet de loi relatif à la transparence, à la lutte contre la corruption et à la modernisation de la vie économique, 30/03/2016, accessible sur Legifrance.gouv.fr : https://www.legifrance.gouv.fr/Droit-francais/Les-avis-du-Conseil-d-Etat-rendus-sur-les-projets-de-loi/2016/Projet-de-loi-relatif-a-la-transparence-a-la-lutte-contre-la-corruption-et-a-la-modernisation-de-la-vie-economique-FCPM1605542L-30-03-2016

309 ROUX Adrien, « La loi n°2016-1691 du 9 décembre 2016 dite « Sapin 2 » : une avancée encore en retrait des attentes des praticiens », dans Maud LÉNA et Erwan ROYER (coord.), Anticorruption – la loi Sapin 2 en application, *op. cit.*, p. 151.

système judiciaire liées au paradoxe de la « zone grise » mentionné précédemment. Le dernier indice de perception de la corruption (IPC) de *Transparency International* indique, à ce titre, un net recul de la France au classement des 180 pays en passant de la 21ème à la 23ème place. « Si l'IPC 2019 se caractérise par une stagnation générale et que la France reste dans la moyenne de l'Union Européenne, région la mieux classée du monde, son recul au classement montre que la dynamique française initiée ces dernières années à la faveur des lois pour la transparence de 2013 et de la loi dite Sapin 2 de 2016 s'est enrayée »[310] déclare Marc-André Feffer, le président de *Transparency International France* à l'issue des derniers résultats du classement de l'IPC. Depuis la promulgation de la loi Sapin 2, le 9 décembre 2016, et son entrée en vigueur en 2017, les cas de corruption n'ont pas définitivement cessé comme peuvent en témoigner tous les récents scandales politico-financiers qui se sont déroulés à l'instar de celui impliquant M. Delevoye à la fin 2019, de celui impliquant Mme Goulard à l'automne 2019, ou encore de celui impliquant M. Benalla à l'été 2018.

La loi Sapin 2 propose certes de nouveaux dispositifs innovants en matière de lutte anticorruption avec une généralisation de la transparence et de la *compliance* mais ces derniers demeurent beaucoup trop complexes pour offrir un panorama clair et précis pour mieux lutter contre ce phénomène de corruption continuant à œuvrer au sein des institutions politiques en France. « Une nouvelle impulsion politique est indispensable pour mettre en œuvre ces réformes essentielles et progresser encore dans la lutte contre la corruption et le développement d'une culture d'intégrité. Les chantiers ne manquent pas : rendre plus transparent le lobbying, mieux prévenir la corruption à l'échelon local, restituer aux populations victimes les avoirs issus de la corruption internationale, ou encore réformer

[310] Transparency International France, « Indice de perception de la corruption publié par *Transparency International* : Il y a urgence pour la France à relancer la lutte contre la corruption ! », communiqué de presse, 22/01/2020, accessible sur Transparency-France.org : https://transparency-france.org/actu/communique-indice-de-la-perception-de-la-corruption-publie-par-transparency-international-il-y-a-urgence-pour-la-france-a-relancer-la-lutte-contre-la-corruption/#.Xr1pLC_pM0o

le financement de la vie politique »[311] affirme Marc-André Feffer dans la suite de sa déclaration à l'issue des derniers résultats de l'indice de perception de la corruption concernant la France.

La question est désormais de savoir si un avenir de confiance peut se mettre en œuvre au sein des institutions républicaines ainsi qu'au sein de la vie politique française tant décriée à cause du phénomène de corruption.

SECTION 2. VERS UN AVENIR DE CONFIANCE DANS LA VIE DES INSTITUTIONS POLITIQUES ?

La restauration de la confiance des citoyens français envers leurs représentants politiques et institutionnels constitue le principal objectif de la lutte contre la corruption qui n'a que trop empoisonné les institutions républicaines ainsi que la démocratie française souffrant d'une profonde crise de la représentativité depuis plusieurs années. Pour restaurer cette confiance permettant de mieux préserver les institutions à l'avenir, la vie politique se doit de se moraliser avec des acteurs devant mieux prendre conscience de l'importance de l'éthique au sein de leurs fonctions. Par ailleurs, d'éventuelles nouvelles pistes de lutte anticorruption pourraient être explorées dans le but d'améliorer cette dernière en France et ainsi participer à la restauration de cette confiance citoyenne érodée par le phénomène de corruption et ses perceptions.

§ 1. Une vie politique moralisée pour des institutions préservées : un chemin encore long

Perçue comme un phénomène d'échange occulte et d'influence réciproque entre les sphères politique et économique se présentant aisément comme un bouc émissaire associant toutes les formes de déception notamment de la part des citoyens, la corruption entraîne, au sein de la société, une forte demande de moralisation, de justice ou d'amélioration de la

---

[311] *Ibid.*

crédibilité des engagements des acteurs publics[312]. Présente au sein des précédentes lois visant à lutter contre la corruption et à promouvoir la transparence comme celle du 11 octobre 2013, la dimension de moralisation dans la vie politique et institutionnelle a été véritablement consacrée par les lois de moralisation de la vie publique n°2017-1339 et organique n°2017-1338 du 15 septembre 2017.

Ces lois constituent le dernier volet d'une « frénésie moralisatrice » du législateur depuis 2013 et viennent corriger des abus découverts grâce à la transparence, les emplois familiaux en particulier[313]. Elles viennent notamment renforcer cette exigence de transparence pour les candidats aux élections présidentielles, pour le Président de la République ainsi que pour les parlementaires. Elles instaurent une nouvelle obligation à la charge des candidats à l'élection présidentielle qui consiste à remettre au Conseil constitutionnel une déclaration d'intérêts et d'activités. Jusqu'à présent, seuls les candidats ayant franchi la barre des cinq cents parrainages étaient soumis à cette obligation. Il est prévu que la Haute Autorité pour la transparence de la vie publique (HATVP) publie sur son site internet, au moins quinze jours avant le premier tour de l'élection présidentielle, la déclaration d'intérêts et d'activités des candidats[314]. Ces lois renforcent également le contrôle de l'évolution du patrimoine du Président de la République lors de son mandat en lui imposant de déposer une déclaration de patrimoine au début et à la fin de son de mandat. Auparavant, la déclaration de patrimoine terminale du Président de la République était publiée au Journal officiel et transmise à la HATVP depuis la loi organique du 11 octobre 2013. La loi organique n°2017-1338 prévoit désormais que cette déclaration terminale soit rendue publique par la

---

312 CARTIER-BRESSON Jean, « Corruption, libéralisation et démocratisation », *art. cit.*, pp. 10-11.

313 ROUX Christophe, « Moralisation de la vie politique, morale parlementaire…moralité constitutionnelle », *Droit Administratif* n°10, Octobre 2017, alerte 126.

314 Vie-publique.fr, « Une exigence de transparence accrues dans les lois confiance dans la vie politique », accessible sur : https://www.vie-publique.fr/eclairage/19540-lois-moralisation-du-15-septembre-2017-lexigence-de-transparence

HATVP qui doit l'assortir d'un avis qui se limite à apprécier, selon les lettres de la loi, « la variation de la situation patrimoniale entre le début et la fin de l'exercice des fonctions présidentielles »[315].

Du côté des parlementaires, cette loi organique vient supprimer la pratique de la réserve parlementaire consistant à ouvrir des crédits dans la loi de finances par voie d'amendements du gouvernement sur proposition des parlementaires, afin de subventionner les projets d'investissement des collectivités locales ou les actions des associations. Ayant fait l'objet de nombreuses critiques, cette pratique est finalement supprimée par la loi organique du 15 septembre 2017 qui a également voulu supprimer la réserve ministérielle mais cette disposition a été censurée par le Conseil constitutionnel considérant qu'elle portait atteinte au principe de la séparation des pouvoirs et méconnaîtrait l'article 20 de la Constitution définissant l'action du Gouvernement[316].

Les lois du 15 septembre 2017 apparaissent ainsi renforcer davantage toutes les mesures et dispositions prises auparavant pour limiter le phénomène de corruption et généraliser la transparence afin de mieux préserver les institutions politiques et républicaines à l'avenir. Elles viennent notamment répondre à la volonté du Président de la République, Emmanuel Macron, qui a décidé que l'un de ses premiers actes serait de de combattre cette « lèpre qui corrompt le rapport à la politique », et faire de la moralisation un « socle »[317]. Les affaires et scandales politico-financiers, qui ont émaillé la vie politique française ces dernières années et notamment lors des dernières élections présidentielles, ont parfaitement mis en exergue l'exigence d'aller

[315] Loi organique n°2017-1338 du 15 septembre 2017 pour la confiance dans la vie politique, article 1, accessible sur Legifrance.gouv.fr : https://www.legifrance.gouv.fr/affichTexte.do?cidTexte=JORFTEXT000035567936&categorieLien=id

[316] Cons. Const., décision n°2017-753 DC du 8 septembre 2017, point 51, accessible sur Conseil-constitutionnel.fr : https://www.conseil-constitutionnel.fr/decision/2017/2017753DC.htm

[317] AFP, « Moralisation de la vie publique, première loi du nouveau gouvernement », Le Point, 16/05/2016, accessible sur LePoint.fr : https://www.lepoint.fr/politique/moralisation-de-la-vie-publique-premiere-loi-du-nouveau-gouvernement-16-05-2017-2127759_20.php#

encore plus loin dans la moralisation de la vie publique d'où la mise en œuvre de ces nouvelles lois. Ces lois de moralisation participent ainsi à faire davantage grandir l'édifice des politiques de probité publique apparues en France depuis 1988, à la suite de l'affaire connue sous le nom d'« affaire Luchaire » impliquant une société d'armement soupçonnée d'avoir reversé de l'argent au Parti socialiste (PS). La législation qui a suivi l'affaire impliquant l'ancien ministre du Budget, Jérôme Cahuzac, et qui a été perçue comme un véritable électrochoc pour les institutions, a choisi d'élargir l'obligation de transparence à des non-élus (conseillers ministériels...) et a créé une Haute Autorité pour la transparence de la vie publique (HATVP). Le Parquet national financier, apparu la même année, est venu compléter le travail de cette nouvelle autorité. Afin de prévenir d'éventuels conflits d'intérêts, de nombreux codes et chartes de déontologie ont été élaborés pour les parlementaires et le membres du gouvernement qui doivent désormais déclarer leurs intérêts personnels tout comme le Président de la République, garant des institutions, tel que le prévoient les lois du 15 septembre 2017.

Malgré ces mesures et dispositions mises en œuvre par le législateur pour généraliser la transparence et moraliser la vie politique et institutionnelle, de nombreux manques et critiques sont soulevés en lien avec l'idée que toutes ces politiques n'iraient pas assez loin dans l'assainissement des institutions et de la vie politique en général afin de permettre un renouveau de la confiance citoyenne. Bien que « sous de nombreux aspects, ces politiques ont constitué des avancées, force est aussi de constater que leurs effets et leurs menaces se sont révélés limités »[318]. Pour le magistrat vice-président de l'association Anticor Éric Alt, « le pouvoir politique n'a pas été à la hauteur des enjeux en matière de probité publique » et il convient désormais d'adopter une « vision globale du problème, des stratégies juri-

---

[318] FRANÇOIS Abel, PHÉLIPPEAU Éric (dir.), L*e financement de la vie politique. Réglementations, pratiques et effets politiques*, Paris, Armand Colin, 2015, p. 35.

diques et des initiatives diplomatiques »[319]. Les lois de 2017, portant initialement le nom de « moralisation de la vie publique » reflétant ainsi l'ambition des textes, apparaissent ainsi difficilement mettre en œuvre une dimension de moralisation au sein de institutions politiques françaises et ont pu conforté le sentiment antiparlementariste ainsi que le malaise issu de la morale à géométrie variable de la décision°2017-753 DC du 8 septembre 2017 du Conseil constitutionnel[320]. Cette décision a censuré plusieurs dispositions fondamentales dans l'objectif de moralisation des institutions comme celle sur la suppression de réserve ministérielle sur la base du non-respect du principe de séparation des pouvoirs qui pourrait très bien avoir été instrumentalisé pour que les ministres conservent cet avantage pratique.

Au niveau européen, si ces lois ont été saluées tout comme la loi Sapin 2, par le Groupe d'États contre la corruption (GRECO) et le Conseil de l'Europe, ces instances ont jugé que les progrès effectués en matière de lutte anticorruption et de promotion de la transparence étaient encore « globalement insuffisants »[321]. Si le GRECO relève au sein de son rapport plusieurs points positifs concernant les députés et sénateurs comme l'abandon de la réserve parlementaire ainsi que l'obligation de justifier leurs frais, il regrette néanmoins que le signalement des conflits d'intérêts reste une simple faculté au Sénat et non une obligation, et regrette également que les déclarations de patrimoine des élus des deux assemblées parlementaires ne soient toujours pas « accessibles facilement à l'ensemble du public »[322]. Le Groupe d'États contre la corruption « regrette à nouveau qu'aucune mesure n'ait été prise par les deux assemblées pour donner effet à la recommandation, d'autant que

[319] ALT Éric, entretien mené par Clément Airault, 06/03/2018, accessible sur Cairault.wordpress.com : https://cairault.wordpress.com/2018/03/06/entretien-avec-eric-alt-magistrat-et-vice-president-de-lassociation-anticor/

[320] ROUX Christophe, « Moralisation de la vie politique, morale parlementaire…moralité constitutionnelle », *op. cit.*

[321] Groupe d'États contre la corruption (GRECO), « Quatrième cycle d'évaluation. Prévention de la corruption des parlementaires, des juges et des procureurs », deuxième rapport de conformité France, adopté par le GRECO lors de sa 80e Réunion Plénière, Strasbourg, 18-22 juin 2018, p. 25.

[322] *Ibidem.*, p. 15.

l'adoption des « lois confiance » aurait fourni une occasion de remédier à cette lacune en adoptant une mesure de transparence importante pour remédier au discrédit de la classe politique »[323].

La dimension de moralisation des institutions et de la vie politique apparaît ainsi encore relativement incomplète bien que les lois du 15 septembre 2017 se soient fondées sur cet objectif en instaurant des mesures et dispositions venant compléter celles établies par les précédentes lois sur la transparence de la vie publique (11 octobre 2013) et sur la lutte contre la corruption et à la modernisation de la vie économique (9 décembre 2013). Face à la persistance de ce phénomène dramatique pour les institutions et la démocratie française, la réflexion peut s'orienter sur d'éventuelles nouvelles pistes d'amélioration de la lutte anticorruption que le législateur pourrait mettre en œuvre dans un futur proche afin d'avoir un espoir de mieux lutter contre ce phénomène et, *in fine*, de l'éradiquer définitivement.

§ 2. Les pistes d'amélioration future de la lutte anticorruption en France

Si le dernier rapport du Groupe d'États contre la corruption (GRECO), en date du 9 janvier 2020, relève les progrès réalisés par la France en matière de lutte anticorruption avec les dispositions déjà prises, il met aussi en exergue l'idée que la France peut encore mieux faire soulignant qu' « un certain nombre d'aspects doivent encore être ajustés et renforcés » et qu' « une plus grande transparence s'impose »[324]. Insistant sur les « zones grises » qui persistent au sein des perceptions et des sanctions contre la corruption, le GRECO a appelé la France à intensifier ses efforts pour mieux détecter et prévenir la corruption notamment au sein de l'exécutif où se jouent de trop nombreux

[323] *Ibid.*, pp. 15-16.

[324] Groupe d'États contre la corruption (GRECO), « Cinquième cycle d'évaluation. Prévention de la corruption et promotion de l'intégrité au sein des gouvernement centraux(hautes fonctions de l'exécutif) et des services répressif », rapport d'évaluation France, adopté par le GRECO lors de sa 84e Réunion Plénière, Strasbourg, 2-6 décembre 2019, p. 4.

conflits d'intérêts. « Les personnes exerçant de hautes fonctions de l'exécutif devant être exemplaires et les attentes de citoyens quant à cette exemplarité étant croissantes, les codes de déontologie du Gouvernement et la Charte d'éthique de la Présidence de la République, actuellement en cours de révision, devraient être assortis de sanctions disciplinaires proportionnelles à la gravité des faits »[325].

Le groupe anticorruption basé à Strasbourg recommande d'élaborer une stratégie globale entièrement « dédiée à la prévention des risques de corruption au sein des services répressifs sur la base de cartographies des risques et des secteurs les plus exposés, telles qu'établies par la Gendarmerie nationale et la Police nationale »[326]. Les déclarations de patrimoine et d'intérêts du président de la République devraient également être « examinées à son entrée en fonction afin de désamorcer tout éventuel conflit d'intérêts »[327] comme le suggère le rapport du GRECO souhaitant également que « les membres du Gouvernement soient soumis à une juridiction garantissant une totale indépendance et impartialité non seulement réelle mais aussi perçue comme telle »[328]. Saluant les dispositifs mis en œuvre tels que le Parquet national financier (PNF) et l'Agence française anticorruption (AFA), le rapport du GRECO appelle également à une amélioration de la législation française sur la protection des lanceurs d'alerte devrait également être améliorée. Reconnaissant que les pratiques de signalement des alertes étaient « relativement complexes », le GRECO exhorte à « faire un état des lieux afin d'améliorer le système actuel » et à ce que les services répressifs soient renforcés afin « que ce nouveau mécanisme soit davantage connu des personnels »[329].

Les recommandations du GRECO à établir une nouvelle stratégie de lutte anticorruption, fondée sur de nouvelles pistes d'amélioration, cherchent à perfectionner davantage la préservation des institutions et de la vie politique française menacées depuis trop longtemps par le phénomène de corruption. Adrien

---

325 *Ibidem.*, p. 19.
326 *Ibid.*, p. 43.
327 *Ibid.*, p. 4.
328 *Ibid.*, p. 36.
329 *Ibid.*, p. 5.

Roux pense que les institutions ont une chance d'être préservées à l'avenir « si on met en place un système anticorruption efficace et si l'opinion publique changent par rapport à la corruption »[330] le tout en saisissant que l'intérêt général se situe au-dessus des intérêts particuliers. Concernant l'organisation de la lutte anticorruption dans les années à venir, il faut, selon le juriste, « penser le cadre juridique comme un système avec une articulation entre les dispositifs juridiques, une articulation aussi entre les moyens humains et financiers avec des juridictions spécialisées. Les moyens déployés pour lutter contre la corruption sont considérablement insuffisants. Il manque énormément de personnels juridiques ce qui est en grande partie lié au pouvoir politique n'accordant pas les moyens suffisants pour lutter contre la corruption. [...] Il faudrait mettre en place une espèce de deal entre le pouvoir et la justice pour mieux lutter contre la corruption et former des agents, des enquêteurs, des juges dans le cadre de lutte anticorruption par le biais de l'autofinancement »[331]. La refonte du système judiciaire français, plus enclin à sanctionner les atteintes à la probité publique, peut apparaître comme une idée de solution intéressante à l'amélioration de la lutte contre la corruption qui tient principalement au pouvoir politique des acteurs institutionnels induisant une supériorité des pouvoirs exécutif et législatif sur le pouvoir judiciaire qu'il convient de corriger en les faisant coopérer afin de permettre une harmonie entre ces trois pouvoirs fondamentaux.

La coopération entre les trois pouvoirs, inhérents au fonctionnement du régime démocratique selon Montesquieu, peut être envisagée dans le cadre de la lutte anticorruption afin de l'améliorer tout comme la coopération internationale entre les États du monde comme le suggère le professeur Robert Klitgaard dont les travaux servent d'inspiration aux commissions de l'OCDE et du GRECO en matière de lutte contre la corruption. Concevant la corruption sous l'angle économique, il envisage plusieurs initiatives impliquant la coopération internationale

[330] ROUX Adrien, entretien réalisé le 19/03/2020 dans le cadre de la réalisation du mémoire, annexes, p. 4.
[331] *Ibidem.*, p. 4.

comme celle d'un parrainage de « diagnostics régionaux », induisant un partage des études entre les pays, ou celle d'organiser un concours anticorruption entre les pays en développement afin de connaître les meilleures stratégies nationales pour réduire la corruption[332]. Afin de comprendre les causes du phénomène de corruption et mieux diagnostiquer les stratégies à mettre en œuvre comme un médecin diagnostique le traitement d'une maladie, Robert Klitgaard choisit de conceptualiser la corruption comme un système représenté par une équation : C = M + D – A. Selon cette équation, la corruption serait égale au monopole plus au pouvoir de discrétion (*discretion*) moins l'imputabilité (*accountability*).

Pour le professeur Klitgaard, la corruption tendra à se manifester dès qu'une personne physique ou morale aura un pouvoir de monopole sur un bien ou un service, un grand pouvoir discrétionnaire pour décider à qui et en quelle quantité ira le bien ou le service, et qu'elle n'aura de compte à rendre à personne. La lutte contre la corruption doit donc commencer par l'amélioration des systèmes. Pour ce faire, il faut réduire les monopoles ou les réglementer soigneusement, délimiter les pouvoirs discrétionnaires ainsi qu'accroître la transparence et la probabilité d'être arrêté tout comme les sanctions frappant la corruption, que cela soit pour les donneurs ou les receveurs[333]. Exhortant à développer de nouvelles stratégies de lutte anticorruption comme le fait pour les pouvoirs publics de faire un exemple de sanction au sein de la sphère du pouvoir, de faire participer la population à la détection de la corruption ou encore de réformer les incitations, il met en avant la coopération internationale pour faciliter l'apparition d'une volonté politique chez les dirigeants étatiques de lutter contre la corruption et les aider à réunir tous les moyens d'agir en conséquence. Les dirigeants doivent être convaincus du fait que l'on peut améliorer un système sans risque de suicide politique, de l'idée qu'ils ne peuvent pas tout faire à la fois lorsqu'ils définissent leur stratégie et enfin, ils ont besoin d'être à l'abri des pressions politiques pour

---

[332] KLITGAARD Robert, « International Cooperation Against Corruption », *Finance and Development*, Vol. 35, n°1, 1998, p. 3.
[333] *Ibidem.*, p. 4.

mener à bien leurs efforts[334]. Au sein de cette coopération internationale entre les États, des instruments d'analyse pour détecter et traiter les cas de corruption pourraient être développés tout comme des pédagogies participatives permettant aux citoyens, aux entreprises, aux ONG, aux médias ainsi qu'aux fonctionnaires de se documenter et de s'informer mutuellement sur les systèmes corrompus, sur tous leurs dangers ainsi les mesures qu'ils appellent à mettre en œuvre[335].

Diverses pistes d'amélioration future de la lutte contre la corruption peuvent ainsi s'envisager en France où le phénomène de corruption, qui a pris de l'ampleur avec la montée en puissance de la mondialisation économique et financière depuis les années 1980, tend à se maintenir au sein des institutions politiques malgré les nombreuses dispositions prises par le législateur qui a tenté de limiter au maximum ce phénomène mais ne l'a pas encore traité totalement en profondeur. Comme l'a relevé Robert Klitgaard, la lutte contre la corruption doit principalement se concentrer sur la réforme des systèmes, et exige une approche économique, associée à une grande sensibilité politique. La coopération internationale est importante car elle peut aider les dirigeants politiques nationaux à acquérir une profonde volonté politique de lutte contre la corruption, et apparaît également intéressante pour diffuser une vérité utile et fondamentale dans le cadre de cette lutte à l'avenir : le problème de la corruption nous concerne tous, et c'est tous ensemble que nous devons lui apporter des solutions[336].

---

334 *Ibid.*, p. 5.
335 *Ibid.*, p. 6.
336 *Ibid.*, p. 6.

CONCLUSION

Aux termes de cette étude, il apparaît que le phénomène corruption est une véritable maladie de la société, une gangrène détruisant les différents systèmes politiques à l'instar des régimes démocratiques dont la France n'est qu'un exemple parmi tant d'autres. L'intérêt d'avoir réfléchi à son expansion, parallèle à celle de la mondialisation économique et financière depuis les années 1980-1990, a permis de mieux penser la question de la lutte contre cette dernière, lutte qui s'est organisée de manière relativement progressive dans le monde ainsi qu'en France où elle a pris une dimension importante au fil des années.

Plusieurs réponses peuvent être apportées à la problématique initialement formulée au début du développement concernant la manière avec laquelle la corruption affecte les institutions politiques et républicaines françaises ainsi que l'organisation de la lutte contre cette dernière afin de mieux protéger ces institutions et leur assurer un avenir de confiance. La dimension futuriste de l'avenir de ces institutions, conçue comme la pierre angulaire du développement mené, est fondamentale car elle englobe, d'une manière plus générale, la question de l'avenir du modèle démocratique français, de la démocratie française née à l'issue de la Révolution française de 1789 consacrant les droits de l'homme et les principes fondamentaux de liberté et d'égalité. Aujourd'hui plongée dans une crise profonde et dramatique, la démocratie française fondée sur la représentation tend à s'éroder sur l'angle de la confiance citoyenne qui fait place à la défiance généralisée et au rejet des acteurs politiques et institutionnels. La question de la lutte anticorruption doit être pensée dans un but de pallier à cette crise, de maintenir la vitalité démocratique du pays en restaurant la confiance des citoyens envers leurs représentants politiques et institutionnels. En raison du mal profond qu'elle provoque au sein des institutions politiques et de la démocratie française, la corruption doit être limitée au maximum voire être éradiquée littéralement de la vie politique du pays, gangrénée par ce phénomène.

I. Le parasitage des institutions françaises par la corruption

Infraction tentaculaire référenciée par le Code pénal au sein de son Livre IV intitulé

« Des crimes et délits contre la nation, l'État et la paix publique », la corruption fait partie prenante de la famille des atteintes à la probité publique sur laquelle se fonde la vie politique et institutionnelle française et ainsi le système démocratique de la France. Pour rappel, la probité publique est liée au fait que l'ensemble des citoyens attendent des acteurs politiques et institutionnels qu'ils prennent bien en compte les spécificités liées à leurs fonctions servant l'intérêt général qu'ils soient dépositaires de l'autorité publique ou bien chargés d'une mission de service public. En faisant prévaloir les intérêts privés et personnels sur l'intérêt général essentiel, la corruption sape tout ce qui fonde cette probité publique fondamentale pour la démocratie française et vient parasiter, gangréner les institutions politiques et républicaines françaises souffrant d'une lourde défiance citoyenne vis-à-vis des acteurs et représentants de ces institutions. Ce profond manque de confiance citoyen a notamment été illustrés par de nombreuses enquêtes et sondages de différents instituts à l'instar du Centre de recherches politiques de Sciences Po Paris (CEVIPOF), ainsi que par les études conduites par de nombreux sociologues comme Pierre Lascoumes soulignant la grande hétérogénéité des perceptions et des jugements des citoyens sur l'espace politique et institutionnel[337]. Ce dernier met notamment en évidence le danger et la persistance

[337] Voir LASCOUMES Pierre (dir.), *Favoritisme et corruption à la française. Petits arrangements avec la probité*, Paris, Presses de Sciences Po, 283 p.

des « zones grises » théorisées par Arnold Heidenheimer et révélant un paradoxe du désenchantement citoyen en France où la corruption peut être perçue et jugée comme un scandale sans nom induisant un sentiment de « tous pourris » chez les citoyens vis-à-vis de leurs représentants politiques et institutionnels, ou comme une fatalité acceptable, inhérente au fonctionnement du système politique français[338]. De ces « zones grises » découlent des sanctions modulables selon les cas de corruption et une idée générale d'impunité envers cette infraction délictueuse parasitant les institutions et la vie politique française.

Le phénomène de corruption induit également l'idée d'une pratique pour le moins mafieuse du pouvoir politique et institutionnel avec des acteurs sachant jouer de leur puissance d'influence pour manipuler les juges et bénéficier de sanctions allégées voire d'aucune sanction pour des faits et pratiques relevant de la corruption comme pour le procès de l'ancien Président de la République Jacques Chirac, en 2011, où ce dernier a été relaxé à la suite d'une mystérieuse demande du parquet de Paris. Comme lors de la IIIème République, il s'avère que les pouvoirs exécutif et législatif ont toujours aujourd'hui un certain ascendant sur le pouvoir judiciaire des juges et magistrats chargés de sanctionner tout manquement à la loi. L'appel de Genève, du 1er octobre 1996, où ces derniers réclamaient davantage de moyens pour lutter contre la corruption, est à ce titre parfaitement illustratif de l'impuissance du pouvoir judiciaire et des lois à appliquer dans ce combat redoutable. La prévalence des pouvoirs exécutif et législatifs émanant du politique sur le pouvoir judiciaire du juge en France concernant la lutte anticorruption n'est, d'ailleurs, pas sans rappeler le régime politique italien où la corruption fait partie intégrante du système au point de presque faire l'objet d'une « démocratisation progressive »

[338] Voir LASCOUMES Pierre, *Une démocratie corruptible. Arrangements, favoritisme et conflits d'intérêts*, Paris, Seuil, 2011, 100 p. ; HEIDENHEIMER J. Arnold, *Political Corruption : Readings in Comparative Analysis*, New Brunswick, N. J Transaction, 1970, pp. 18-28.

avec le poids considérable et la place qu'occupe la mafia en Italie[339].

II. L'organisation actuelle de la lutte anticorruption en France

Après les premières lois conçues dans le début de la lutte contre la corruption, à la fin des années 1980 et durant les années 1990, les pouvoirs publics ont progressivement bien pris conscience de la gravité du phénomène de corruption au sein des institutions et de la vie politique française notamment à l'issue de nombreuses affaires et scandales politico-financiers qui se sont déroulés à l'orée des années 2010 et dont celui impliquant l'ancien ministre du Budget, Jérôme Cahuzac, en 2013 a constitué le point d'orgue. Cette dernière affaire à scandale a permis de déclencher toute une nouvelle série de lois visant à intensifier la lutte anticorruption, à généraliser la transparence et à moraliser la vie publique. Les dispositions de ces lois telles que la création d'une Haute Autorité pour la Transparence de la Vie Publique (HATVP) et l'apparition d'un Parquet national financier (PNF) permises par les lois du 11 octobre et du 6 décembre 2013 viennent constituer le début d'un nouveau paradigme législatif en matière de lutte anticorruption.

La loi Sapin 2 du 9 décembre 2016 est venue compléter toutes ces dispositions et renforcer davantage la lutte anticorruption au cours d'une période où la France ne figurait pas parmi les bons élèves en matière de corruption comme a pu le souligner l'OCDE dans ses rapports ainsi que l'ONG *Transparency International* qui avait classé la France 23ème sur les 180 pays de son indice de perception de la corruption (IPC). De nombreuses nouvelles dispositions sont apparues avec cette loi comme la création d'une Agence française anticorruption (AFA) venant remplacer le Service central de protection de la corruption (SCPC) issu de la première loi Sapin de 1993, et contrôler l'ensemble des mesures préventives mises en place par les collectivités locales et les grandes entreprises. Le renfor-

---

[339] Voir SCARPINATO Roberto, LODATO Saverio, *Le Retour du Prince : Pouvoir et criminalité*, Lille, Éditions La Contre Allée, 2012, 336 p.

cement de la dimension éthique au sein de ces grandes entreprises permis par cette loi Sapin 2, avec la création du délit d'absence de prévention, est une des conséquences des dispositions de cette dernière venant également renforcer la protection des lanceurs d'alerte qui sont des acteurs de la société civile fondamentaux dans la lutte anticorruption. La loi Sapin 2 est venue introduire un dispositif judiciaire et pénal totalement innovant avec la convention judiciaire d'intérêt public (CJIP) permettant par ailleurs d'aligner la France sur les standards anglo-saxons de lutte anticorruption induisant une justice de coopération avec des entreprises qui collaborent avec les juges en leur signalant les infractions relatives à la corruption[340].

Les lois de moralisation de la vie publique du 15 septembre 2017 sont venues renforcer encore davantage les dispositions contenues au sein de ces précédentes lois anticorruption en instaurant de nouvelles obligations pour les acteurs politiques et institutionnels avec la suppression de la réserve parlementaire et le renforcement de la rigueur dans la déclaration du patrimoine et des intérêts.

L'ensemble de ces lois cherchant à renforcer davantage la lutte contre la corruption et la vie politique en France répond également à une récente demande sociale des citoyens sur cette lutte anticorruption qui se fait jour au sein du pays et qui ne cesse de progresser au fur et à mesure des années. Cette demande sociale et citoyenne est un phénomène nouveau qui porte en lui-même les germes d'un possible changement profond des rapports démocratiques qui devra d'abord, au préalable, trouver sa pleine traduction judiciaire[341].

[340] Pour une synthèse globale des principales dispositions de la loi Sapin 2 matière de lutte anticorruption, voir BROUSSOLLE Yves, « Les principales dispositions de la loi Sapin pour la transparence et la modernisation de la vie économique », *Gestion & Finances Publiques*, vol. 2, n°2, 2017, pp. 108-113.

[341] ROUX Adrien, « Les origines sociologiques : la perception contemporaine des atteintes à la probité et son influence sur la législation anticorruption », dans Actes du colloque « De la conformité à la justice négociée, actualité de la lutte anticorruption », sous la direction de l'AFA, de l'ENM et du Parquet national financier, Paris, 17 mai 2018, p. 13.

III. La corruption en France, une maladie réellement traitable ?

La question du diagnostic et du traitement du phénomène de corruption est régulièrement remise sur la table de l'organisation de la lutte contre ce dernier avec l'idée d'améliorer encore davantage cette lutte et d'éliminer, *in fine*, cette corruption de la même manière qu'une maladie chronique affectant un corps humain ici, en l'occurrence, symbolisé par les institutions et la vie politique française. Plusieurs pistes potentielles peuvent être dégagées et portée à la réflexion des pouvoirs publiques afin d'améliorer davantage la lutte contre la corruption. Sur la base des idées émises par Robert Klitgaard en 1998[342], un parrainage de « diagnostics régionaux » peut être organisé à l'échelle non internationale mais nationale conduisant un partage des études entre les régions et les institutions politiques en France. De la même manière, un concours anticorruption pourrait être organisé entre les acteurs politiques et institutionnels à l'échelle nationale afin d'encourager ces derniers à s'éloigner le plus possible de la nébuleuse de la corruption et à promouvoir davantage d'éthique dans leur action. L'association Anticor organise d'ailleurs sur ce modèle, chaque année, sa cérémonie de remise des Prix éthiques et des Casseroles où elle récompense, de manière symbolique, les personnalités qui ont eu un comportement vertueux et celles qui ont eu des agissements déplorables en matière de respect de la probité publique. Un tel concours organisé par les pouvoirs publics, avec des récompenses telles que des subventions supplémentaires pour un parlementaire, pourrait conduire à améliorer la lutte contre la corruption en promouvant son éloignement des activités politiques et institutionnelles.

Néanmoins, des réserves quant à ces solutions peuvent être mises en avant en raison de la philosophie propre à la corruption qui apparaît inhérente à la nature humaine déplorable et qui expliquerait sa constante existence encore aujourd'hui au sein des institutions politiques française malgré la lutte organisée contre cette dernière. De ce point de vue, l'éradication du phé-

342 Voir KLITGAARD Robert, « International Cooperation Against Corruption », *Finance and Development*, Vol. 35, n°1, 1998, pp. 3-6.

nomène de corruption apparaît littéralement impossible en France où Montesquieu avait déjà identifié les principaux obstacles à la lutte contre ce phénomène en soulevant la faiblesse des hommes ainsi que celle des institutions. Craignant que la modernité, vue par ce dernier comme le temps de l'essor des passions et des intérêts privés, entraîne un renoncement général de la vertu, il appelle à ce que la démocratie française et ses institutions contrôlent les mœurs et les modifient en conséquence en éduquant le peuple de la même manière que les cités antiques de Sparte et de Rome. Dans *De l'esprit des lois* (1748), le philosophe des Lumières en conclut à la nécessité de ramener constamment la République à ses principes, sous-entendant par-là de restaurer les coutumes anciennes pérennisant la vertu, fondamentale à vie démocratique du pays[343]. D'un autre côté, la corruption peut être analysée comme un phénomène détruisant les institutions politiques et la démocratie tout comme participant à la vie de ces dernières de manière systémique notamment par le biais de l'*homo oeconomicus* et la liberté individuelle fondamentale. Le modèle démocratique repose sur la liberté individuelle, l'autorité de la loi (*rule of law*) ainsi que la séparation des pouvoirs. Ce modèle se corrompt lorsque ces trois valeurs fondamentales, sous couvert d'approfondissement, conspirent en réalité à les dénaturer totalement. La liberté se réduit ainsi à l'intérêt personnel, l'autorité de la loi devient formelle et les pouvoirs ne sont plus séparés qu'en apparence[344].

Malgré tout, ces dimensions pessimistes ne doivent pas enlever l'espoir d'organiser une meilleure lutte contre la corruption à l'avenir notamment sur la base d'une volonté politique forte répondant à la demande sociale croissante des citoyens de rendre cette lutte plus efficace, et sur la base d'un profond changement des mœurs par l'éducation en étant davantage calqué sur l'intérêt général et la moralité publique que sur les intérêts privés et la dimension financière de l'argent. À ce titre, le modèle des pays scandinaves peut servir d'exemple où on ob-

[343] Pour une actualisation des idées de Montesquieu sur la corruption et la vertu, voir SPECTOR Céline, « Montesquieu ou les infortunes de la vertu », *Esprit*, vol. février, n°2, 2014, pp. 31- 44.
[344] GARAPON Antoine, « La peur de l'impuissance démocratique », *Esprit*, vol. février, n°2, 2014, p. 30.

serve une profonde distinction de la fonction et de la personne de l'élu. Les pays scandinaves à l'instar de la Suède sont, d'ailleurs, les pays où la corruption et les manquements à l'éthique des élus et des fonctionnaires sont parmi les plus faibles au monde. Pour donner une illustration, à la fin de l'année 1995, la numéro 2 du gouvernement social-démocrate, Mona Sahlin, est forcée de démissionner à la suite d'une affaire retentissante révélant que cette dernière avait réglé quelques courses, dont une barre chocolatée, avec sa propre carte de crédit de fonction. Ceci démontre que la transparence et l'exemplarité chez l'acteur politique et institutionnel suédois ne se sont pas négociables alors pourquoi pas en France ?

BIBLIOGRAPHIE

Ouvrages

ADRIAN Jean-François, GUENOUN Marcel (dir.), *L'éthique de la gestion publique – Stratégies nationales et internationales de prévention de la corruption*, Paris, IGPDE, 2016.

ALGAN Yann, CAHUC Pierre, *La société de défiance : Comment le modèle social français s'autodétruit*, Paris, Éditions Rue d'Ulm, 2007.

ALT Éric, LUC Irène, *La lutte contre la corruption*, Paris, Presses universitaires de France, Collection « Que sais-je ? », 1997.

BECQUART-LECLERCQ Jeanne, « Parodoxes of Political Corruption : A French View », in Arnold J. HEIDENHEIMER, Mickael JOHNSTON, Victor T. LEVINE (dir.), *Political Corruption: A Handbook*, New Brunswick, Transaction Publisher, 1970, pp. 191-210.

BENAICHE Lionel, « La prévention de la corruption en France », dans Marcel GUENOUN et Jean-François ADRIAN (dir.), *L'éthique de la gestion publique – Stratégies nationales et internationales de prévention de la corruption*, Paris, IGPDE, 2016, pp. 123-132.

BLAU Peter, *Exchange and Power in Social Life*, New York, Wiley, 1967.

BONFILS Philippe, MUCCHIELLI Laurent, ROUX Adrien, *Comprendre et lutter contre la corruption*, Aix-en-Provence, Presses universitaires d'Aix-Marseille, 2015.

BONFILS Philippe, « L'action associative et son rôle dans la lutte contre la corruption », dans Philippe BONFILS, Laurent MUCCHIELLI, Adrien ROUX (dir.), *Comprendre et lutter contre la corruption*, actes du 1er colloque d'Aix-Marseille Université sur la corruption, Aix-en-Provence, Presses universitaires d'Aix-Marseille, 2015, pp. 85-89.

BOURSIER Marie-Emma, « Se conformer : l'obligation de prévention et de détection : des risques de corruption imposée aux entreprises par la loi du 9 décembre 2016 », dans Jean-Marie BRIGANT (dir.), *Le risque de corruption*, Paris, Dalloz, 2018, pp. 33-42.

BRIGANT Jean-Marie (dir.), *Le risque de corruption*, Paris, Dalloz, 2018.

BRIQUET Jean-Louis, GARRAUD Philippe (dir.), *Juger la politique. Entreprises et entrepreneurs critiques de la politique*, Rennes, Presses Universitaires de Rennes, 2001.

BRIQUET Jean-Louis, SAWICKI Frédéric, *Le Clientélisme politique dans les sociétés contemporaines*, Paris, Presses universitaires de France, 1998.

CARDOT Fabienne, *L'éthique d'entreprise*, Paris, Presses universitaires de France, Collection « Que sais-je ? », 2006.

CAUTRÈS Bruno, CHICHE Jean, « Chapitre 2 : Le rôle des clivages dans les jugements sur la probité », dans Pierre LASCOUMES (dir.), *Favoritisme et corruption à la française. Petits arrangements avec la probité*, Paris, Presses de Sciences Po, 2010, pp. 107-124.

CÉRÉ Jean-Paul, JAPIASSU Eduardo Carlos, *Corruption et droit pénal*, Paris, L'Harmattan, 2019.

CHICHE Jean, LE HAY Viviane, CHANVRIL Flora, LASCOUMES Pierre, « Chapitre 1 : Du favoritisme à la corruption. Les définitions concurrentes de la probité publique », dans Pierre LASCOUMES (dir.), *Favoritisme et corruption à la française. Petits arrangements avec la probité*, Paris, Presses de Sciences Po, 2010, pp. 73-106.

COIGNARD Sophie, WICKHAM Alexandre, *L'Omerta française*, Paris, Albin Michel, 1999.

DE CLOSETS François, *Toujours plus !*, Paris, Grasset, 1984.

DELLA-PORTA Donatella, MÉNY Yves (dir.), *Démocratie et corruption en Europe*, Paris, La Découverte, 1995.

DELLA PORTA Donatella, « Social Capital, Beliefs in Government and Political Corruption », in Susan J. PHARR, Robert D. PUTNAM, (dir.), *Disaffected Democracies: What's Troubling the Trilateral Countries ?*, Princeton, Princeton University Press, 2000, pp. 202-228.

DISANT Mathieu, POLLET-PANOUSSIS Delphine (dir.), *Les lanceurs d'alertes. Quelle, protection juridique ? Quelles limites ?*, Paris, LGDJ, 2017.

FOUCAULT Michel, *Le courage de la vérité. Le gouvernement de soi et des autres II*, Cours au Collège de France 1984, Paris, Seuil, 2009.

FRANÇOIS Abel, PHÉLIPPEAU Éric (dir.), *Le financement de la vie politique. Réglementations, pratiques et effets politiques*, Paris, Armand Colin, 2015.

GARRIGOU Alain, « Clientélisme et vote sous la IIIe République », dans Jean-Louis BRIQUET, Frédéric SAWICKI, *Le clientélisme politique dans les sociétés contemporaines, Paris*, Presses universitaires de France, 1998.

GAXIE Daniel, « Les critiques profanes de la politique. Enchantements, désenchantements, réenchantements », dans Jean-Louis BRIQUET, Philippe GARRAUD (dir.), *Juger la politique. Entreprises et entrepreneurs critiques de la politique*, Rennes, Presses universitaires de Rennes, 2001.

GINOCCHI David, « Actualité du contrôle des déclarations de patrimoine et d'intérêt par la HATVP », dans Jean-Marie BRIGANT (dir.), *Le risque de corruption*, Paris, Dalloz, 2018, pp. 21-30.

HEIDENHEIMER J. Arnold, *Political Corruption: Readings in Comparative Analysis*, New Brunswick, N. J Transaction, 1970.

HENRY Brigitte, *Au cœur de la corruption, par une commissaire des RG*, Éditions 1, 2000.

HUNAULT Michel (dir.), *La lutte contre la corruption, le blanchiment, la fraude fiscale*, Paris, Presses de Sciences Po, 2017.

JAUNE Renaud, « L'AFA, une agence qui sanctionne », dans Jean-Marie BRIGANT (dir.), *Le risque de corruption*, Paris, Dalloz, 2018, pp. 15-20.

KERLÉO Jean-François, « Qu'est-ce qu'un lanceur d'alerte ? Classification et conceptualisation d'une catégorie juridique insaisissable », dans Mathieu DISANT, Delphine POLLET-PANOUSSIS (dir.), *Les lanceurs d'alerte. Quelle protection juridique ? Quelles limites ?*, Paris, LGDJ, 2017, pp. 7-49.

KERLÉO Jean-François, « Les obligations de déclaration de patrimoine et d'intérêt », dans Jean-Marie BRIGANT (dir.), *Le risque de corruption*, Paris, Dalloz, pp. 43-58.

LAMBSDORFF Johann G., *The Institutional Economics of Economics of Corruption and reform: theory, evidence, policy*, Cambridge, Cambridge University Press, 2007.

LASCOUMES Pierre, *Corruptions*, Paris, Presses de Sciences Po, 1999.

LASCOUMES Pierre (dir.), *Favoritisme et corruption à la française. Petits arrangements avec la probité*, Paris, Presses de Sciences Po, 2010.

LASCOUMES Pierre, *Une démocratie corruptible. Arrangements, favoritisme et conflits d'intérêts*, Paris, Seuil, 2011.

LASCOUMES Pierre, NAGELS Carla, *Sociologie des élites délinquantes – De la criminalité en col blanc à la corruption politique*, Paris, Armand Colin, 2014.
LASCOUMES Pierre, AUDREN Frédéric, « La justice, le gendre et le scandale des décorations : aux origines du trafic d'influence », dans Bruno DUMONS, Gilles POLLET (dir.), *La fabrique de l'honneur et les décorations en France*, XIX-XXe siècles, Rennes, Presses universitaires de Rennes, 2009, pp. 119-142.
LEBÈGUE Daniel, « Chapitre 1 : Lutte contre la corruption : quel rôle et quels moyens d'action pour la société civile ? L'exemple de Transparency International », dans Michel HUNAULT (dir.), *La lutte contre la corruption, le blanchiment, la fraude fiscale*, Paris, Presses de Sciences Po, 2017, pp. 43-72.
LE MONNIER DE GOUVILLE Pauline, « La convention judiciaire d'intérêt public » au service de la compétitivité internationale de la justice française », dans Jean-Paul CÉRÉ et Carlos Eduardo JAPIASSU (dir.), *Corruption et droit pénal*, Paris, L'Harmattan, 2019, pp. 165-188.
LIPPMANN Walter, « A Theory about corruption », in Arnold HEIDENHEIMER, Mickael JOHNSTON, Victor T. LEVINE (dir.), *Political Corruption, A Handbook*, New Brunswick, Transaction Publisher, 1970, pp. 567-572.
LOMBARD Paul, *Le vice et la vertu. Les corruptibles de Mazarin à nos jours*, Paris, Grasset, 2000.
LUDWICZAK Franck, « Le droit d'alerte aux risques de la répression pénale », dans Mathieu DISANT, Delphine POLLET-PANOUSSIS (dir.), *Les lanceurs d'alerte. Quelle protection juridique ? Quelles limites ?*, Paris, L.G.D.J, 2017, pp. 177-191.
MANIN Bernard, *Principes du gouvernement représentatif*, Paris, Calmann-Lévy, 1995.
MAZZOLENI Oscar, LASCOUMES Pierre, « Chapitre 4 : Fonction politique et atteintes à la probité publique dans le jugement des citoyens ordinaires », dans Pierre LASCOUMES (dir.), *Favoritisme et corruption à la française. Petits arrangements avec la probité*, Paris, Presses de Sciences Po, 2010, pp. 139-166.
MÉNY Yves, *La corruption de la République*, Paris, Fayard, 1992.
MERTON Robert K., *Social theory and social structure*, New York, Glencoe, 1949.
MONIER Frédéric, « Réprimer la corruption : conflits politiques et réponses pénales dans la France de la IIIème République », dans Philippe BONFILS, Laurent MUCCHIELLI, Adrien ROUX (dir.), *Comprendre et lutter contre la corruption*, actes du 1er colloque

d'Aix-Marseille Université sur la corruption, Aix-en-Provence, Presses universitaires d'Aix-Marseille, 2015, pp. 19-29.

MONTESQUIEU, *De l'esprit des lois*, Paris : Éditions Gallimard, 1995, originel de 1758, Tome 1, Livre 11, Chapitre 4.

MUCCHIELLI Laurent, « L'ampleur et l'étendue de la délinquance des élites », dans Philippe BONFILS, Laurent MUCCHIELLI, Adrien ROUX (dir.), *Comprendre et lutter contre la corruption*, actes du 1er colloque d'Aix-Marseille Université sur la corruption, Aix-en-Provence, Presses universitaires d'Aix-Marseille, 2015, pp. 33-46.

MUXEL Anne, « Chapitre 5 : Familles politiques et jugements sur la probité », dans Pierre LASCOUMES (dir.), *Favoritisme et corruption à la française. Petits arrangements avec la probité*, Paris, Presses de Sciences Po, 2010, pp. 169-186.

PÉAN Pierre, *La République des mallettes. Enquête sur la principauté française de non-droit*, Paris, Fayard, 2011.

PERRINEAU Pascal, *Le désenchantement démocratique*, La Tour d'Aigues, Éditions de l'Aube, 2003.

PEILLON Antoine, *Corruption. Nous sommes tous responsables*, Paris, Seuil, 2014.

PHARR J. Susan, « Officials's misconduct and Public Distrust: Japan and the Trilateral Democracies », in Susan J. PHARR, Robert D. PUTNAM (dir.), *Disaffected Democracies: What's Troubling the Trilateral Countries ?*, Princeton, Princeton University Press, 2000, pp. 173-201.

PHÉLIPPEAU Éric, *L'Invention de l'homme politique moderne. Mackau, L'Orne et la République*, Paris, Belin, 2002.

PHÉLIPPEAU Éric, *L'argent de la politique*, Paris, Presses de Sciences Po, 2018.

PICARD Jean-Christophe, *Le colère et le courage. Plaidoyer contre la corruption, pour une République éthique*, Paris, Armand Colin, 2020.

PLENEL Edwy, *Le Droit de savoir*, Paris, Éditions Don Quichotte, 2013.

POLLET-PANOUSSIS Delphine, « L'argent public, lanceur d'alerte » dans Mathieu DISANT, Delphine POLLET-PANOUSSIS (dir.), *Les lanceurs d'alerte. Quelle protection juridique ? Quelles limites ?*, Paris, LGDJ, 2017, pp. 139-151.

ROSE-ACKERMAN Susan, « The political economy of corruption », in Kimberly A. ELLIOTT (ed.), *Corruption in the global economy*, Washington, Institute for International Economics, pp. 31-60.

ROUX Adrien « Mesurer les écarts entre le droit, les représentations et le fait : la corruption comme défi au droit », dans Philippe

BONFILS, Laurent MUCCHIELLI, Adrien ROUX (dir.), *Comprendre et lutter contre la corruption*, actes du 1er colloque d'Aix-Marseille Université sur la corruption, Aix-en-Provence, Presses universitaires d'Aix-Marseille, 2015, pp. 59-68.

SCARPINATO Roberto, LODATO Saverio, *Le Retour du Prince : Pouvoir et criminalité*, Lille, Éditions La Contre Allée, 2012.

SEGONDS Marc, « Les failles dans la lutte contre la corruption … ou le droit processuel de la corruption à rebours de l'analyse systémique de la corruption », dans Philippe BONFILS, Laurent MUCCHIELLI, Adrien ROUX (dir.), *Comprendre et lutter contre la corruption*, actes du 1er colloque d'Aix-Marseille Université sur la corruption, Aix-en-Provence, Presses universitaires d'Aix-Marseille, 2015, pp. 71-82.

SIMMEL Georg, *Philosophie de l'argent*, Paris, Presses universitaires de France, 1987 [1900].

SORDINO Marie-Christine, « Le signalement des infractions de corruption par les lanceurs d'alerte », dans Jean-Marie BRIGANT (dir.), *Le risque de corruption*, Paris, Dalloz, 2018, pp. 59-74.

STASIAK Frédéric, *Droit pénal des affaires*, LGDJ, 2ème édition, 2009.

STEFFENS Lincoln, *The Shame of the Cities*, New York, Hill & Wang, 1904.

SUTHERLAND Edwin H., *White Crime Collard. The Uncut Version*, New Haven, London, Yale University Press, 1983.

TOMESCU-HATTO Odette, LASCOUMES Pierre, LE HAY Viviane, MICHELAT Guy, « Chapitre 8 : Les réactions sociales à la corruption : divulgation et système répressif », dans Pierre LASCOUMES (dir.), *Favoritisme et corruption à la française. Petits arrangements avec la probité*, Paris, Presses de Sciences Po, 2010, pp. 219-243.

TOUBON Jacques, « Lecture indépendante d'une innovation législative – La création du dispositif de protection des lanceurs d'alerte », dans Mathieu DISANT, Delphine POLLET-PANOUSSIS (dir.), *Les lanceurs d'alerte. Quelle protection juridique ? Quelles limites ?*, Paris, LGDJ, 2017, pp. 396-414.

WILSON James Q., BANFIELD, Edward C., *City Politics*, Cambridge, Cambridge University Press, 1963, 374 p.

Articles

BANFIELD Edward C., « Corruption as a feature of governmental organization », *Journal of law and economics*, vol. 18, n°3, 1975, pp. 587-606.

BECQUART-LECLERCQ Jeanne, « Paradoxe de la corruption politique », *Pouvoirs*, n°31, 1984, pp. 19-36.

BEZÈS Philippe, LASCOUMES Pierre, « Percevoir et juger la « corruption politique », *Revue française de science politique*, vol. 55, n°5-6, 2005, pp. 757-786.

BOUCOBZA Xavier, SERINET Yves-Marie, « Loi « Sapin 2 » et devoir de vigilance : l'entreprise face aux nouveaux défis de la compliance », dans Maud LÉNA et Erwan ROYER (coord.), Anticorruption – la loi Sapin 2 en application, *Dalloz Grand Angle*, 2018, pp. 130-142.

BROUSSOLLE Yves, « Les principales dispositions de la loi Sapin pour la transparence et la modernisation de la vie économique », *Gestion & Finances Publiques*, vol. 2, n°2, 2017, pp. 108-113.

BULL Martin J., NEWELL James L., « New avenus in the study of political corruption », *Crime Law and Social Change*, vol. 27, pp. 167-183.

CARBONNIER Jean, « Effectivité et ineffectivité de la règle de droit », *L'Année sociologique*, vol. 7, 1958, pp. 3-17.

CARTIER-BRESSON Jean, « Éléments d'analyse pour une économie de la corruption », *Tiers Monde*, tome 33, n°131, 1992, pp. 581-609

CARTIER-BRESSON Jean, « Corruption, libéralisation et démocratisation », *Tiers Monde*, tome 41, n°161, 2000, pp. 9-22.

DYENS Samuel, « Le lanceur d'alerte dans la loi « Sapin 2 » : un renforcement en trompe-l'œil ? », dans Maud LÉNA et Erwan ROYER (coord.), Anticorruption – la loi Sapin 2 en application, *Dalloz Grand Angle*, 2018, pp.17-27.

FAVAREL-GARRIGUES Gilles, « La lutte anticorruption, de l'unanisme internationale aux priorités intérieures », *Droit et société*, vol. 72, n° 2, 2009, pp. 273-284.

FORD Henry J., « Municipal Corruption », *Political science quarterly*, vol. 19, n°4, 1904, pp. 673-686.

GARAPON Antoine, « La peur de l'impuissance démocratique », *Esprit*, vol. février, n°2, 2014, pp. 19-30.

GAUDEMET Antoine, « Qu'est-ce que la *compliance* ? », *Commentaire*, vol. 165, n°1, 2019, pp. 109-114.

KLITGAARD Robert, « International Cooperation Against Corruption », *Finance and Development*, Vol. 35, n°1, 1998, pp. 3-6.

LASSERRE-CAPDEVILLE Jérôme, « Corruption et trafic d'influence : nouvelles mesures applicables aux sociétés », dans Maud LÉNA et Erwan ROYER (coord.), Anticorruption – la loi Sapin 2 en application, *Dalloz Grand Angle*, 2018, pp. 152-157.

LE FÈVRE Paul, « Les nouvelles obligations anticorruption pesant sur les grandes entreprises : un bouleversement à l la fois pratique et culturel », dans Maud LÉNA et Erwan ROYER (coord.), Anticorruption – la loi Sapin 2 en application, *Dalloz Grand Angle*, 2018, pp. 127-129.

LASCOUMES Pierre, LE HAY Viviane, « Rapport à l'argent et conception de la corruption politique », *L'Année sociologique*, vol.63, 2013, pp. 225-260.

MÉDARD Jean-François, « Le rapport de clientèle : du phénomène social à l'analyse politique », *Revue française de science politique*, n° 1, vol. 26, février 1976, p. 103.

MÉDARD Jean-François, « Les paradoxes de la corruption institutionnalisé », *Revue internationale de politique comparée*, vol.13, 2006, pp. 697-710.

MÉDARD Jean-François, « Clientélisme politique et corruption », *Tiers Monde*, tome 41, n°161, 2000 pp. 75-87.

MÉNY Yves, « Corruption, politique et démocratie », *Confluence Méditerranée*, n°15, 1995, pp. 11-21.

MEYER Nicole-Marie, « Alerte éthique et fonction publique : la fin d'un malentendu français ? », *Revue des juristes de Sciences Po*, n°9, 2014, pp. 158-165.

MIGNON COLOMBET Astrid, « La convention judiciaire d'intérêt public : vers une justice de coopération ? », dans Maud LÉNA et Erwan ROYER (coord.), Anticorruption – la loi Sapin 2 en application, *Dalloz Grand Angle*, 2018, pp. 158-163.

MUXEL Anne, « L'abstention : déficit démocratique ou vitalité politique ? », *Pouvoirs*, vol. 120, n°1, 2007, pp. 43-55.

NEAR Janet P., MICELI Marcia P., « Organizational Dissidence: The case of Whistleblowing », *Journal of Business*, vol. 4, n°1, pp. 1-16.

PADIOLEAU Jean-Gustave, « De la corruption dans les oligarchies pluralistes », *Revue française de sociologie*, 1975, 16-1, pp. 33-58.

ROBERT Philippe, « Débat : la justice face à la corruption. La justice française et les affaires de corruption », *Déviance et société*, vol. 20, n°3, 1996, pp. 239-246.

ROLLAND Christophe, « Création de l'AFA par la loi « Sapin 2 » : quels moyens pour quelle action ? », dans Maud LÉNA et Erwan ROYER (coord.), Anticorruption – la loi Sapin 2 en application, *Dalloz Grand Angle*, 2018, pp.11-16.

ROUBAN Luc, « L'inspection générale des Finances, 1958-2008 : pantouflage et renouveau des stratégies élitaires », *Sociologie pratiques*, 2010/2, n°21, 2010, pp. 19-34.

ROUX Adrien, « La loi n°2016-1691 du 9 décembre 2016 dite « Sapin 2 » : une avancée encore en retrait des attentes des praticiens », dans Maud LÉNA et Erwan ROYER (coord.), Anticorruption – la loi Sapin 2 en application, *Dalloz Grand Angle*, 2018, pp.147-151.

ROUX Adrien, « Les origines sociologiques : la perception contemporaine des atteintes à la probité et son influence sur la législation anticorruption », dans Actes du colloque « De la conformité à la justice négociée, actualité de la lutte anticorruption », sous la direction de l'AFA, de l'ENM et du Parquet national financier, Paris, 17 mai 2018, p. 13.

ROUX Christophe, « Moralisation de la vie politique, morale parlementaire…moralité constitutionnelle », *Droit Administratif* n°10, Octobre 2017, alerte 126.

RUGGIERO Vicenzo, « France : corruption as resentment », *Journal of law and society*, vol. 23, n°1, pp. 113-131.

SANDHOLTZ Wayne, GRAY Mark M., « International Integration and National Corruption », *International Organization*, 57, Fall, 2003, pp. 761-800.

SORDINO Marie-Christine, « Lanceur d'alerte et droit pénal : entre méfiance et protection », dans Maud LÉNA et Erwan ROYER (coord.), Anticorruption – la loi Sapin 2 en application, *Dalloz Grand Angle*, 2018, pp.173-185.

SPECTOR Céline, « Montesquieu ou les infortunes de la vertu », *Esprit*, vol. février, n°2, 2014, pp. 3144.

Rapports

Assemblée nationale, XIVème législature, groupe de travail sur l'avenir des institutions, « Refaire la démocratie », rapport n°3100 de M. Claude Bartolone et de M. Michel Winock,

2 octobre 2015.

BADIE François, *La lutte contre la corruption : enjeux internationaux et réponse française, Rapport moral sur l'argent dans le monde*, Association d'Économie Financière, Rapport 2011-2012, p. 132

Groupe d'États contre la corruption (GRECO), « Quatrième cycle d'évaluation. Prévention de la corruption des parlementaires, des juges et des procureurs », deuxième rapport de conformité France, adopté par le GRECO lors de sa 80e Réunion Plénière, Strasbourg, 18-22 juin 2018.

Groupe d'États contre la corruption (GRECO), « Cinquième cycle d'évaluation. Prévention de la corruption et promotion de l'intégrité au sein des gouvernement centraux (hautes fonctions de l'exécutif) et des services répressif », rapport d'évaluation France, adopté par le GRECO lors de sa 84e Réunion Plénière, Strasbourg, 2-6 décembre 2019.

Rapport au Premier ministre de la Commission de prévention de la corruption présidée par Robert Bouchery, La documentation française, 1992.

Sources journalistiques

Site de Marianne : https://www.marianne.net
Site de Mediapart : https://www.mediapart.fr
Site de Les Échos : https://www.lesechos.fr
Site de Le Journal du Dimanche : https://www.lejdd.fr
Site du Le Monde : https://www.lemonde.fr/
Site de Le Parisien : http://www.leparisien.fr
Site de Le Point : https://www.lepoint.fr
Site de The Conversation : https://theconversation.com/fr

Sources numériques diverses

ALT Éric, entretien mené par Clément Airault, 06/03/2018, accessible sur Cairault.wordpress.com : https://cairault.wordpress.com/2018/03/06/entretien-avec-eric-alt-magistrat-et-vice-president-de-lassociation-anticor/
Site d'Anticor : https://www.anticor.org
Site de l'Assemblée nationale : http://www.assemblee-nationale.fr
Site du Cercle de la Compliance : https://www.lecercledelacompliance.com
Site du Conseil constitutionnel : https://www.conseil-constitutionnel.fr
Cours en ligne (MOOC CNFPT) « Corruption, favoritisme, détournement de fonds…comment les prévenir dans la gestion publique locales ? », Septembre 2018, accessible sur : https://www.fun-mooc.fr
Site de Décision-achats : https://www.decision-achats.fr

Site du Dictionnaire Larousse : https://www.larousse.fr
Site de Harris Inreractive : https://harris-interactive.fr
Site de la HATVP : https://www.hatvp.fr
Site de l'Ifop : https://www.ifop.com
Site de Legifrance : https://www.legifrance.gouv.fr
Site de Lexology : https://www.lexology.com
Site du Ministère de l'Intérieur : https://www.interieur.gouv.fr
Site de l'Office des Nations Unies contre les drogues et le crime : https://www.unodc.org
Site de Transparency International : https://www.transparency.org/en/
Site de Transparency International France : https://transparency-france.org
Site de Vie Publique : https://www.vie-publique.fr
Site de Xerfi Canal : https://www.xerficanal.com

ANNEXES

Entretien téléphonique - Adrien ROUX (Docteur en droit privé et sciences criminelles de l'Université d'Aix-Marseille) / 19/03/2020

- Que pensez-vous de l'efficacité des moyens de lutte anti-corruption mis en œuvre par le législateur en France ?

C'est une vaste question. Pour dire les choses de manière simple, l'efficacité de la lutte anticorruption dépend d'un système. Il faut prendre en compte l'ensemble des dispositifs juridiques présents et l'articulation de ces derniers dans la lutte anticorruption. Il n'est pas possible de penser la corruption en dehors d'un système. Sur la convention de Mérida, il y a pas mal d'éléments du système. Il faut penser la corruption comme un système. Il faut une articulation entre tous les dispositifs juridiques (lois, lanceurs d'alerte, spécialisation des services). Lors du vote de la loi Sapin II, il était établi de mettre en œuvre des mesures plus fortes en termes de sanction. Dans l'élaboration du projet initial de la loi, en tant qu'expert en droit pénal et sciences criminelles convié, j'avais proposé de mettre en œuvre des « circonstances aggravantes » pour des infractions relatives à la corruption. En droit pénal, on a une spécialisation en 2 parties principales : le crime organisé et la criminalité économique et financière. Je voulais regrouper le crime organisé et la criminalité. Il est fondamental de saisir la distinction, en droit pénal, entre le crime organisé et le crime économique et financier.

Le plus important du projet de loi initial, transformant une quinzaine d'infractions relatives à la corruption en crimes, a été supprimé par le Sénat. Le problème de corruption ne se posait pas dans les années 1970 où il y avait une profonde intégrité de la part des acteurs publiques et politiques. C'est à partir des années 1980 que la situation a dégénéré et que le problème d'intégrité s'est posé et s'est aggravé avec la généralisation de la mondialisation économique et financière. La corruption est une véritable affaire d'offre et de demande avec des acteurs politiques et institutionnels qui veulent de l'argent et en obtiennent par le biais des corrupteurs pouvant être d'autres acteurs politiques ou bien des acteurs privés telles que des entreprises. Le phénomène de corruption n'a cessé de s'intensifier en France. L'appel de Genève, du 1er octobre 1996, constitue un moment symbolique où les juges et les magistrats ont pris la parole pour dire qu'ils n'avaient pas les moyens de lutte anticorruption nécessaires pour combattre ce phénomène dramatique. Il est également important de noter que le problème de la corruption au sein du monde politique et institutionnelle doit être distinguée de la corruption en tant que telle pouvant faire l'objet de multiples définitions et concerner des situations allant au-delà de la sphère politique et institutionnelle.

- La loi Sapin 2 constitue-t-elle, selon vous, une loi efficace pour lutter contre la corruption en France ?

C'est un pas dans la lutte anticorruption mais qui est encore insuffisant par rapport aux enjeux. La loi est muette ou incomplète sur encore beaucoup de points. Par exemple sur les lanceurs. La spécialisation doit être complète dans la lutte anticorruption pour être efficace. La grande criminalité économique et financière fait partie de la criminalité organisée. La corruption dans la République est aussi la corruption de la République et à ce titre, l'ouvrage éponyme d'Yves Mény est toujours d'actualité au sein de notre pays où on agit toujours en termes de délinquance, de criminalité et d'institutions symboliques.

- Les lanceurs d'alerte peuvent-ils réellement permettre, selon vous, une meilleure prévention de la corruption et lutte contre cette dernière ?

Il ne faut pas parler que des lanceurs d'alerte. Il faut aussi englober le repenti, l'information judiciaire et l'infraction. La corruption se fait dans le secret et il y a une loi du silence absolu. Des gens qui ont beaucoup de pouvoir, qui ont un fonctionnement très rationnel, ont aucun intérêt à ce qu'elle soit diffusée. Il faut à tout prix protéger les lanceurs d'alerte, les repentis qui veulent sortir, mais aussi les associations qui peuvent servir d'appui aux lanceurs d'alerte. Il faut qu'il y ait une infiltration de la police, d'agents spéciaux dans les organisations de corruption. C'est exactement ce qu'a fait l'agence du FBI aux États-Unis, en 1991, sur la *Bank of Credit and Commerce International* (BCCI), une banque qui corrompait dans tous les pays du monde et qui a été fermée par la justice la même année avec l'inculpation de tous ses responsables pour fraude fiscale et blanchiment d'argent.

- Plus généralement, que pensez-vous de l'action de la société civile dans la lutte anti-corruption en France ?

Elle est déterminante et il faut favoriser l'action des associations en matière de lutte anticorruption. À partir du moment où un phénomène comme la corruption affecte tout le système démocratique, si les citoyens n'agissent pas, il n'y aura pas de réels changements. La corruption, c'est un dévoiement de rapport d'autorité comme me l'avait dit mon directeur de thèse. La corruption infiltre par essence la citoyenneté. Si on ne change pas la mentalité des gens, on ne pourra pas changer la situation vis-à-vis de la corruption. Tout n'est qu'une question de mentalité. Par exemple, l'agence anticorruption en Tunisie, dans laquelle je me trouvais récemment, est une agence qui communique énormément avec des agents bien plus nombreux qu'en France (près de 300 personnes). Il faut travailler sur la mentalité des gens et cela passe aussi par la presse. La dénonciation par la presse joue un rôle majeur dans la lutte anticorruption. C'est un travail de fond qu'il faut mener sur l'opinion publique ainsi qu'un travail de représentation.

- La corruption affectant dangereusement les institutions républicaines et la démocratie, pensez-vous, qu'à long terme, elle puisse conduire à un rejet total du modèle démocratique français ?

Complètement. Si on ne prend pas en compte la mesure actuelle du problème, vu l'effondrement de la confiance envers toutes les institutions, c'est l'effondrement de la démocratie comme au Brésil. Avant, on croyait que l'économie de marché allait de pair avec la démocratie, et on a vu avec la Chine qu'un régime autoritaire et l'économie de marché. En France, on n'a clairement pas assez de sanctions virulentes. Cela fait près de 40 ans qu'en France, la procédure est d'étouffer les affaires. Aujourd'hui, on commence à prendre la mesure du problème et on commence à sanctionner des hauts responsables politiques impliqués dans des affaires de corruption tels que Patrick Balkany ou François Fillon. Le nouveau Parquet national financier (PNF) joue d'ailleurs un rôle de premier plan dans cette lutte anticorruption cherchant désormais à sanctionner les acteurs politiques et institutionnels impliqués dans des affaires de corruption. Si on fait un parallélisme avec l'affaire Chirac et son procès en 2004, il est intéressant de voir que la situation n'est pas la même alors que près d'une vingtaine d'années sépare cette situation de celle d'aujourd'hui. Le juge de l'affaire Chirac, chargé de demander la peine, avait demandé la relaxe. On a clairement changé d'époque depuis le procès Chirac. La plupart des gens disent qu'on est dans une situation de plus en plus catastrophique mais on est aussi avec des évolutions assez rapides. Il faut remettre en perspective. On est au tout début d'une prise de conscience et d'un combat contre ce phénomène de corruption. Ce n'est que le début de la lutte anticorruption qui se joue en France aujourd'hui.

- Pensez-vous que les institutions ont une chance d'être préservées de la corruption à l'avenir ?

Oui si on met en place un système anticorruption efficace et si l'opinion publique change par rapport à la corruption. Il est important de saisir que l'intérêt particulier est en dessous de l'intérêt général. C'est un point central dans l'esprit civique de la France. Si on établit une comparaison avec les pays scandinaves, il est frappant d'observer le profond respect de cet intérêt général par les acteurs politiques et institutionnels avec une éthique irréprochable à l'œuvre faisant qu'il n'existe pratiquement aucun cas de corruption dans ces pays comme la Norvège par exemple. Corruption et République sont les deux faces d'une même médaille en réalité.

- Comment la lutte anti-corruption devrait être organisée, selon vous, dans les années à venir ? Avez-vous des idées de piste d'amélioration de la lutte anti-corruption ?

Il faut penser le cadre juridique comme un système avec une articulation entre les dispositifs juridiques, une articulation aussi entre les moyens humains et financiers avec des juridictions spécialisées. Les moyens déployés pour lutter contre la corruption sont considérablement insuffisants. Il manque énormément de personnels juridiques ce qui en grande partie lié au pouvoir politique n'accordant pas les moyens suffisants pour lutter contre la corruption. Par exemple, lors de l'affaire Airbus, 30 personnes ont été mis à disposition par le Royaume-Uni pour les enquêtes alors qu'en France, seulement 2 personnes ont été mobilisés. Tout cela reflète le manque considérable de moyens qui existe chez nous. Il faudrait mettre en place une espèce de deal entre le pouvoir et la justice pour mieux lutter contre la corruption et former des agents, des enquêteurs, des juges dans le cadre de lutte anticorruption par le biais de l'autofinancement.

- Pensez-vous que la généralisation de la transparence puisse permettre de résoudre tous les problèmes de corruption des acteurs politiques et institutionnels ?

Tous les problèmes non car il faut conserver une certaine prévoyance. Il faut plus de transparence sur certains aspects notamment au niveau local où la petite corruption est la plus visible. L'Agence française anticorruption (AFA) et la Haute Autorité pour la transparence de la vie publique (HATVP) doivent redoubler d'efforts dans la lutte anticorruption et le respect des règles de transparence par les acteurs politiques et institutionnels.

On a beaucoup évolué dans la législation sur les conflits d'intérêts. On peut dire aujourd'hui qu'on est en bonne voie car on oblige les gens à réfléchir, à se poser des questions et à se forcer à agir. Cela contribue à changer les mentalités, ce qui est d'une importance capitale dans la lutte anticorruption. La loi organique du 14 février 2014 interdisant le cumul de mandats est très importante de ce point de vue-là. Pour moi, les changements législatifs sur les conflits d'intérêts ont plus de portée. Ce qui est central dans la lutte anticorruption, c'est que les sanctions soient efficaces tout comme la prévalence. Il faut qu'il y ait beaucoup plus de cas. 300 par an, c'est insuffisant. Il faut arriver à aller au bout. L'AFA a un pouvoir de sanction administrative mais tout le reste n'a de sens que s'il est mis en œuvre des sanctions effectives, proportionnées et dissuasives comme le préconisent les conventions internationales anticorruption (OCDE de 1997, ONU de 2003).

Tableau 12. Variation des jugements sur la « corruption » selon les types d'acteurs (élites/citoyens)

Jugement d'un acte politique *Par le public* ————> *Par les élites*	Relevant faiblement de la « corruption » et ne devant pas être réprimé	Relevant fortement de la « corruption » et devant être réprimé
Relevant faiblement de la « corruption » et ne devant pas être réprimé	Zone blanche (accord des perceptions) *Petit clientélisme de proximité*	Zone grise (désaccord des perceptions) *Financements par le secteur privé*[1]
Relevant fortement de la « corruption » et devant être réprimé	Zone grise (désaccord des perceptions) *Lobbying. Trafic d'influence*	Zone noire (il existe des lois, accord des perceptions) *Enrichissement individuel ou des proches. Népotisme.*

Tableau 13. Typologie des perceptions de la corruption

	Degré de corruption perçue			
	FAIBLE		FORT	
Tolérance élevée	*Sauf finance*	*Sauf entreprise*	**Type 2 – Contradictoire** 27,1 % (*n* = 549)	**59,3 %**
	Type 1 – Tolérant 32,2 % (*n* = 654)			
Réprobation élevée	***Type 4 – Normatif*** 17,4 % % (*n* = 353)		***Type 3 – Dénonciateur*** 23,3 % % (*n* = 472)	**40,7 %**
	49,7 %		**50,3 %**	

Tableau 14. « Zone noire » des perceptions de la corruption – Forte réprobation

Espace de forte réprobation	Domaine	Très grave	Grave + Très grave
Corruption au sens strict d'élu et de fonctionnaire	Marché public Obtention d'une commande	44 % 37,5 %	87,1 % 87,8 %
	Intervention fiscale : - boulanger - chanteur	46,1 % 52,3 %	93,2 % 94,7 %
	Policier	41,8 %	87,3 %
	Demande d'un fonctionnaire	36,7 %	83,2 %
Corruption privée	Vente à un concurrent	45,7 %	90,3 %
Détournement d'argent public	- à des fins politiques - à des fins personnelles	35,2 % 49,2 %	85,2 % 91,2 %
Tromperie Mensonge	- dans une fonction publique - à titre privé	74,5 % 63 %	98,4 % 97,5 %
Soumission aux intérêts économiques	Aménagement du littoral	30,7 %	75 %

Tableau 15. « Zone blanche » des perceptions de la corruption – Faible réprobation

Espace de tolérance (faible réprobation)	Domaine	Pas grave du tout	Peu grave ou Pas grave du tout
Recommandation d'un élu	Place en crèche	27,9 %	72,3 %
Recommandation d'un élu	Logement social	29,6 %	73,2 %
Relations politiques	Recherche emploi	24 %	70,2 %
Contribution à l'intérêt général	Protection du littoral	48,7 %	76,5 %

Tableau 16. « Zone grise » des perceptions de la corruption – Espace de dissensus

Espace de dissensus	Domaine	Pas grave du tout + Peu grave	Grave + Très grave
Clientélisme Instrumentalisation du politique	Instrumentalisation d'un parti : - par adhésion - par un don financier	51 % 30 %	49 % 70 %
	Recommandation de l'épouse du maire	52 %	48 %
	Emploi municipal lié à une adhésion partisane	32 %	68,0 %
Confusion intérêt privé/public	Habillage d'une corruption par l'intérêt général	37 %	63 %
Confusion intérêt privé/collectif	Corruption du salarié d'une entreprise	53 %	47 %

Tableau 13: Typologie des attitudes vis-à-vis de la corruption selon les caractéristiques sociologiques (en %)[13]

	Tolérants sauf finance	Tolérants sauf entreprise	Dénonciateurs pessimistes	Réprobateurs réalistes	Pragmatiques inquiets	
Genre						
Homme	17	17	23	19	24	100
Femme	19	12	24	16	29	100
Âge						
18-24 ans	17	12	23	15	33	100
25-34 ans	18	10	24	16	31	100
35-49 ans	16	15	25	17	28	100
50-64 ans	20	15	22	19	24	100
65 ans et plus	19	16	23	18	24	100
Profession						
Agriculteur	19	16	16	22	28	100
Artisan, commerçant	24	11	25	9	31	100
Chef d'entreprise, profession libérale	24	19	14	29	14	100
Enseignant, chercheur	29	17	17	31	5	100
Cadre, ingénieur	20	28	15	17	20	100
Profession intermédiaire	19	13	19	26	23	100
Employé	19	11	25	14	31	100
Ouvrier, personnel de service	15	14	27	15	28	100
Inactif (autres que retraités)	15	12	25	19	29	100
Activité						
Actif	19	14	23	17	27	100
Chômeur	14	13	28	12	34	100
Retraité	20	16	21	19	24	100
Au foyer	15	12	25	20	28	100
Étudiant, élève	19	13	21	15	31	100
Autre sans profession	11	13	30	22	24	100

13. Seuls la profession, le revenu et le diplôme ont des tests du Chi 2 significatifs. Et ce, malgré la taille importante des effectifs. Les valeurs du V de Cramer valent respectivement : 0,115 ; 0,058 et 0,087. Ce qui souligne la relative faiblesse des liaisons statistiques et ce sont quelques cellules de ce tableau qui font fortement sens.

L'implication des hommes politiques et des fonctionnaires dans la corruption

En % vertical Perception du nombre de corrompus	Hommes politiques		Fonctionnaires	
	2016	2006	2016	2006
Beaucoup ou presque tous	**43**	**46**	25	30
Un certain nombre	42	39	**48**	**49**
Presqu'aucun ou seulement quelques uns	14	16	27	22
Depuis 5 ans, avoir (soi-même ou un membre de sa famille) rencontré un fonctionnaire suggérant l'octroi d'un pot de vin ou d'une faveur	-	-	14	17

Source : ISSP France 2016 et 2006

TABLE DES MATIÈRES

REMERCIEMENTS **7**

SOMMAIRE **9**

TABLE DES SIGLES ET ABRÉVIATIONS CLÉS **11**

AVANT-PROPOS **13**

INTRODUCTION **15**

I. Première définition des termes 19
II. Approche historique 21
III. Contextualisation 24

PARTIE I
La perversion des institutions et de la démocratie française par la corruption **27**

CHAPITRE 1
La corruption sous le prisme des atteintes à la probité – Éléments de définition **29**

Section 1. Une définition normative par le droit 30
§ 1. La codification pénale de la corruption 30
§ 2. Le rattachement de la corruption à ses infractions connexes .. 36

Section 2. Un phénomène social au cœur du régime démocratique ... 43
§ 1. La culture sociale et politique de la corruption 43
§ 2. La corruption comme échange social – l'exemple du clientélisme politique 49

CHAPITRE 2
La délinquance des élites politiques assortie à leur jugement 57

Section 1. Une pratique inscrite dans l'action
des responsables politiques 58
§ 1. La dimension systémique de la corruption 58
§ 2. Une logique de « toujours plus » à l'œuvre
dans la vie des élus 63

Section 2. Un déficit de sanctions observé
vis-à-vis de la corruption 69
§ 1. Une « impuissance des lois » favorable à la corruption..........69
§ 2. L'impunité des élites politiques incriminées pour corruption.75

CHAPITRE 3
L'ambigüité des perceptions sociales
de la corruption en France..81

Section 1. Le paradoxe de la « zone grise »....................................82
§ 1. La justification des atteintes à la probité en France 82
§ 2. Une incertitude combinée à des réponses aléatoires
dans les perceptions sociales..88

Section 2. L'augmentation de la défiance citoyenne
vis-à-vis des institutions 92
§ 1. De la révélation de scandales à la pensée du « tous pourris »
dans l'opinion publique 92
§ 2. Des institutions fragilisées par un manque de confiance
généralisée 98

PARTIE II
Vers une République transparente ?
Les moyens de lutte contre la corruption en France
accompagnés de leur efficacité relative.......................................105

CHAPITRE 1
Les agissements du législateur depuis les années 1990 107

Section 1. Les renforcements législatifs du traitement
de la corruption..108
§ 1. La montée en puissance des lois anti-corruption
des années 1990 108

§ 2. La consolidation de l'arsenal législatif français à l'issue des années 2000 114

Section 2. Les dispositifs anti-corruption législatifs reliés à leurs faiblesses 119

§ 1. Du Service central de prévention de la corruption (SCPC) à l'Agence française anti-corruption (AFA) : une continuité dans l'efficacité ? 120

§ 2. La Haute Autorité de la Transparence pour la Vie Publique (HATVP) et le Parquet national financier (PNF) : vers une généralisation de la transparence ? 127

CHAPITRE 2
L'action de la société civile dans la lutte anticorruption 135

Section 1. Le rôle des associations anti-corruption en France 136

§ 1. Les méthodes de la section française de *Transparency International* 137

§ 2. Les batailles d'Anticor contre le fléau de la corruption 142

Section 2. Le *whistleblowing* à la française : le combat des lanceurs d'alerte 148

§ 1. L'action individuelle des lanceurs d'alerte 149

§ 2. Le droit des lanceurs d'alerte en France, un manque de protection ? 153

CHAPITRE 3
Un avenir de transparence combinée à la confiance ?
La question de la préservation des institutions françaises 161

Section 1. La généralisation de la transparence : une réelle efficacité ? 162

§ 1. Les dispositions de la loi Sapin 2 : une avancée significative ? 163

§ 2. Des faiblesses de la loi Sapin 2 au climat de méfiance redoublée : Des avancées contrastées 169

Section 2. Vers un avenir de confiance dans la vie des institutions politiques ? 174

§ 1. Une vie politique moralisée pour des institutions préservées : un chemin encore long 174

§ 2. Les pistes d'amélioration future de la lutte anticorruption en France 179

CONCLUSION **185**

I. Le parasitage des institutions françaises par la corruption 186
II. L'organisation actuelle de la lutte anticorruption en France ... 188
III. La corruption en France, une maladie réellement traitable ? . 190

BIBLIOGRAPHIE **193**

ANNEXES **205**

Structures éditoriales du groupe L'Harmattan

L'Harmattan Italie
Via degli Artisti, 15
10124 Torino
harmattan.italia@gmail.com

L'Harmattan Hongrie
Kossuth l. u. 14-16.
1053 Budapest
harmattan@harmattan.hu

L'Harmattan Sénégal
10 VDN en face Mermoz
BP 45034 Dakar-Fann
senharmattan@gmail.com

L'Harmattan Cameroun
TSINGA/FECAFOOT
BP 11486 Yaoundé
inkoukam@gmail.com

L'Harmattan Burkina Faso
Achille Somé – tengnule@hotmail.fr

L'Harmattan Guinée
Almamya, rue KA 028 OKB Agency
BP 3470 Conakry
harmattanguinee@yahoo.fr

L'Harmattan RDC
185, avenue Nyangwe
Commune de Lingwala – Kinshasa
matangilamusadila@yahoo.fr

L'Harmattan Congo
67, boulevard Denis-Sassou-N'Guesso
BP 2874 Brazzaville
harmattan.congo@yahoo.fr

L'Harmattan Mali
ACI 2000 - Immeuble Mgr Jean Marie Cisse
Bureau 10
BP 145 Bamako-Mali
mali@harmattan.fr

L'Harmattan Togo
Djidjole – Lomé
Maison Amela
face EPP BATOME
ddamela@aol.com

L'Harmattan Côte d'Ivoire
Résidence Karl – Cité des Arts
Abidjan-Cocody
03 BP 1588 Abidjan
espace_harmattan.ci@hotmail.fr

Nos librairies en France

Librairie internationale
16, rue des Écoles
75005 Paris
librairie.internationale@harmattan.fr
01 40 46 79 11
www.librairieharmattan.com

Librairie des savoirs
21, rue des Écoles
75005 Paris
librairie.sh@harmattan.fr
01 46 34 13 71
www.librairieharmattansh.com

Librairie Le Lucernaire
53, rue Notre-Dame-des-Champs
75006 Paris
librairie@lucernaire.fr
01 42 22 67 13